文史哲學集成

談遠平著

論陽明哲學之圓融統觀

文史哲出版社印行

國立中央圖書館出版品預行編目資料

論陽明哲學之圓融統觀 / 談遠平著. --初版.
-- 臺北市 : 文史哲, 民８２
面 ; 公分. -- (文史哲學集成 ; 293)
參考書目:面
ISBN 957-547-803-7(平裝)

1. 陽明學

126.4 82006556

㉙③ 文史哲學集成

論陽明哲學之圓融統觀

著者：談遠平
出版者：文史哲出版社
登記證字號：行政院新聞局局版臺業字五三三七號
發行人：彭正雄
發行所：文史哲出版社
印刷者：文史哲出版社
台北市羅斯福路一段七十二巷四號
郵撥〇五一二八八一二彭正雄帳戶
電話：三五一一〇二八

實價新台幣四〇〇元

中華民國八十二年九月初版

ISBN 957-547-803-7

論陽明哲學之圓融統觀 目次

序言

——兼述全書大意

對生命意義與理想之探索追求，一直是我志趣所在，也是我視爲人生數十寒暑中最重要的一件事。爲了完成這項追求，我曾一度猶疑於該從何種學科的研究入手。高中時代認爲若要人文與自然學識均衡發展，須先培養出科學研究與治事的精神，乃決定報考自然組。大學求學階段就讀以「攻堅」、「格物」爲特色的物理系（中央大學）。經歷四載對自然知識的熱切追求，雖然自覺物理科學之知已稍有提升，可是對於生命意義的歸趨感，卻益發有不足之憾。畢業後，選擇就讀政治大學三民主義研究所，同學多引以爲奇，然自認這種選擇仍是本於生命眞誠的追求，希望能在人文學識上作深一層的研究。

在上述對生命意義的探索過程中，陽明哲學是最吸引我以及對我影響最深者。這也許與陽明一度從事格竹，後又於石棺中自問聖人到此又如何的經歷有關，使我多所感悟。碩士論文即係本諸研讀陽明哲學初步所獲之心得撰寫而成。書成後，曾獲建國七十年中正文化學術獎，給予個人很大的精神鼓勵，也激發自己作更進一步研究之心。近十年來執教大學，所授課目皆屬思想、文化範疇。由於工作與研究志趣相合，個人對陽明哲學的義理更能有所體會。是故此書之成，既可視為個人再一階段研究之完成，亦代表自己之心路成長所得。

我國先秦儒家孔孟之道歷經漢、魏晉及隋唐五代之變易，其原始精神與理念皆飽受消磨折損。此固受秦漢後政局演變及漢、魏晉、隋唐學風影響，亦與儒者本身學養志節有關。以盛唐為例，儒者投牒自試，多只圖一己出身。不中則多寄食僧寺，取徑終南；中者則不免依附權門，苦求官祿。晚唐之後，進士輕薄之詩與以南唐二主為代表之詞，如視之為儒家喪失眞精神之表徵，可說並不為過。其間雖有如韓文公起八代之衰的文豪，然於儒家義理之闡揚發揮卻鮮有建樹。對比於永明禪師尚能於衰亂如五代者完成百卷宗鏡錄，儒門之衰於此可見。

迨及宋代開國，殘破紛亂不下於六朝之末，然自太祖太宗起，施政採寬容之策，對知識份子也多尊重，因之諫權提振，加以異族外患甚切，儒者平治天下之懷抱與以天下為己任的憂患意識亦高張，宋學乃從胡瑗、孫復時之重教育與師道，逐步引生出重學理開創與求復歸孔孟之道的新儒學。

新儒學事實上是由一種重視承擔歷史責任的意識所激發，故對當時之佛學深有不契，而思以先秦孔孟儒學之價值觀來代替佛門。若以此基本目的來看，則新儒學中雖各人立言或有不同，然直至明儒，其一脈傳承，皆可視為同一理路之發展，並未與基本目的相反。

然佛教教義自原始教義經部派小乘之說至大乘空有二支，再發展為眞常之教，對宇宙人生實有一系統之說明，宋儒欲以理論相抗，亦不得不藉儒家經典對宇宙人生作一說明。故周濂溪首重太極圖說與通書，張橫渠之正蒙亦顯然依據易傳之形上學與宇宙論觀點，其西銘更以言「乾坤」爲首。可見當時諸子係以天道論爲理論基礎。其後二程之學雖有差異，然講學仍是以易及禮記爲主要根據，有「性即理」說，此影響及朱子，乃有所謂程門之傳的理氣說。然無論天道論或存有論之理氣說，皆難以解說現實世界之不完美與人之行爲不能純善。對此，宋儒將之歸於善（天理）惡（人欲）的二元對立，而有「存天理去人欲」之說。但是，人何以能存天理去人欲仍爲疑問。以朱子爲例，其涵養用敬應植於心，然心雖爲氣中最靈正者，卻仍有「清明昏濁之異」，這就使道德實踐失其根基與主動力，故朱子「致知窮理」說終不能達其「全體大用」之目的。

陽明之前，有陸九淵自謂直承孟子，立「心即理」說，此爲新儒學運動中直就心性論肯定人爲道德行爲最終極之主宰者，使心之涵意由「存有」而趨於「活動」。而就理論發展來看，陸氏之學，待明儒王陽明倡「致良知」說始體系大備。孟子所標明「心」爲道德價値根源之說，亦在陽明哲學中發揮得淋漓盡致。陽明從持「心即理」說始，即以道德之主體立論，將外在的形上天道，落實到一己生命之中。而此種落實是工夫所得，故陽明又倡「知行合一」，主張事上磨鍊，並以致良知爲其思想總結。此使心既不離乎現實，亦不安於消極苟且，所謂由心而來的理想，必融於現實以承擔歷史文化責任。這種思想不但體現先秦孔孟之道的眞精神，也全然表現出宋明新儒學運動之根本旨趣。就此而言，陽明哲學實爲新儒學之一高峯。

我人認爲陽明哲學之所以能爲新儒學高峯，在於其思想具圓融統觀之特色，有解決哲學思想上最終之價值統會問題之功能。蓋自陽明而言，價值與存在，澈上澈下，皆可以良知心體爲支點，而統會於至善。故其對宇宙人生，先肯定「心即性，心外無性；性即天，性外無天」，進而由「心物一源」，論述「格致無間」之理。於是將身、心、意、知、物統化爲「一件」，視之爲交養互發不可分割之整體，身心、意知、知物皆相待相涵，乃能由「知是意之體，物乃意之用」倡言「心外無物」。這樣一來，致知過程之知，才處處表現「能所合一、主客不二」的圓融統觀。據此，陽明更言心即理與萬物同體，此心乃應機而發、廓然大公，爲萬物感應之機，亦明明德悟天地萬物同體之所在。陽明宇宙人生價值最高統會之說於焉完成。

復就工夫實踐言，陽明之指點亦極圓融精闢。其由視身、心、意、知、物爲渾然一體，論心與物、格物與致知、知與行、致良知與明明德皆通體一貫，將心、性、理、天，以及人心道心等等俱化爲一元，圓融無礙，而有「心物合一，格致無間，致良知即明明德」之說。此正如陽明所言之：「在物爲理，處物爲義，在性爲善。因其處而異其名，而皆吾之心地也。」故「天地萬物俱在我的良知發用流行之中，何嘗有一物作得障礙？」惟能實致良知者，能致其心之天理於事事物物，使事事物物皆各得其理，良知即天理現行。此時，事與理合，理事無礙，理想與現實互得其眞，良知心體乃與天地雍容浹化、合德無間，宇宙萬有、大化流行不僅同源一體，更燦然同美。陽明亦才有「聖人之學，無人己，無內外，一天地。」之結論，而圓融統觀之勝義，盡在其中矣。故方東美先生亦乃說圓融統會哲學觀不僅是中國哲學家推理之結論，亦爲「王陽明思想所憑藉之重要起點。」可見，圓融統觀是陽明哲學的理論依據，更是其哲學思想的特色所在。

本書即就此一理路，以圓融統觀爲據，闡明陽明哲學之眞價值。玆將論述要義概敘如次：

所謂圓融統觀即是一種圓融統會之哲學觀，其論述不僅統之有宗、會之有元，更要能化除一般思想論說中的對立概念，使乎形上形下、心物、體用、一己與萬物都圓融統會，而建立一旁通統貫之思想體系。故本書先就體用一如、變常不二、即現象即本體等論點說明「體用一源」爲圓融統觀之首要特性。其次，又因思想之圓融統會必建立於同情交感的和諧中道，方能形成本質上彼是相因、交融互攝通貫一本的思想體系，故本書亦就價值的相互關涉感通，說明「和諧感通」爲圓融統觀等二個特性。個人相信，依這兩個圓融統觀的特性，足以建立一個統攝萬有、包舉萬象的思想體系。因爲圓融統觀一方面能充分顯現萬有的多姿多彩；一方面又能在頤然萬有一一物象上，有價值統一的體驗。於是理事互融、心物交攝、知行合一，無入不得。而此正爲陽明哲學所顯示出最主要的價值特色，亦爲本書研究之依據。

陽明眞正立一己之說，始自龍場之悟，自此始信聖人之道，吾性自足。終其一生有「須從根本求生死，莫向支流辨濁清」的自信，於是有「心即理」說。欲明「心即理」先須明白「心外無物」。此即所謂心之所發是意，意之所著是物，知是意之體，物乃意之用，在心意體用爲一之下，意與意所涉之行爲才統一於道德心靈之中，而爲心外無物之心即理。猶可言者，陽明所說，乃言規範性天理繫乎心之發用，而道德自覺之心，亦維經道德操持才可上契天理。這才使天理良心結爲一體，有其具體性，在一心之申展中，可攝萬物而不遺，人道天道乃得圓融合一。

就理論上看，「心即理」之關鍵在「即」字，必須透過實際修行，才可使心與理密契無間。故陽明於提出「心即理」說的次一年，即倡「知行合一」說。就知行合一說的理論發展看，陽明有學理上之解釋、靜坐收心及重誠意、事上磨鍊之不分動靜等不同闡述。然就知行合一說之意涵言，仍爲指點心之靈覺天理與吾人之具體行爲，須圓融無間，以成其無隱無曲之天理流行。迨陽明揭示致良知說之後，吾人更可看出，「知」係指良知，是體；「行」係指良知之發用，是用。知行合一者，其良知的自主到呈顯是體貫於用；其道德踐致的工夫，上臻無入不得之良知泰然，是用以明體。此澈上澈下，透顯圓融統觀之特色，亦陽明知行合一圓融並進之說也。

自思想之發展完成觀察，陽明於五十歲確立致良知之說後，其通貫一本之思想體系業已完成。故乃有其所云：「平生所學，只是致良知三字。」而此學是其「從百死千難中得來」，故所言良知之爲知，知不離於見聞，致良知爲行，行不滯於方隅，庶幾即知即行、即心即物、即動即靜、即流行即主宰，圓融統會無之不一，而有本體功夫之稱。易言之，致良知是良知作主，落實於日用常行之中。故良知之神用萬千，不求知而自知，不求得而自得，其昭明靈覺隨緣感通，卻又無所不知，無所不得，誠所謂「未扣時原是驚天動地，既扣時也只是寂天寞地。」其精一中和之效，通貫於三綱領八條目之正心誠意、格物致知之間，表現出「全體在用，全用是體」的圓融統觀義蘊。

大學問與四句教皆是陽明晚年所倡立的重要理論。在大學問中，陽明言修身正心之工夫，只能於心之發用處入手，故正心落在誠意，這仍是用以明體的識見。然意之誠否，又須以良知之操持為準，才眞有為善去惡之實功，以復其心體之純明，這正是陽明貫通心意知物，使條理工夫通貫一本之圓融統觀也。從這種工夫指點，陽明才能就其四句教融合會通「四有」、「四無」，說明良知心體固為無滯無障、即寂即感，亦須有具體工夫，使人有所依循，而成其即頓即漸之說。此時，致良知之和煦精誠，可感悟天下萬物皆只是悱惻之仁之發育感通，故陽明更暢發與天地萬物為一體之大人之心，誠將明德親民立本達用、萬物相攝和諧感通之理，發揮致極，而可有知周萬物、道濟天下之功。

由是可知，陽明哲學所揭之心理如一、知行並進、體用一源、身心意知合一、動靜合一、寂感一體、明德親民合一等通貫一本要義，實無不透顯圓融統觀之特色，吾人若能本諸圓融統觀去研究，更能闡明陽明哲學之奧義。

陽明哲學雖體大思精有上述種種勝境理趣，然後人對王學卻仍有不同評價。肯定者稱其良知之說確立道德主體，能成就舉而措之天下之民的事業。否定者則謂良知之說只是傳統的道德律，既無補於濟晚明之衰，亦無法開出經驗科學之功，反而滋生「蕩軼禮法」的妄誕末流，於世道人心並無助益。對否定者這種意見，我人有下述之說明：

首先，就陽明哲學所顯露之圓融統觀特色來看，陽明本人是力求心物合一、事理圓融的，故不僅曾親身嘗試格竹，也以事上磨鍊、良知不離見聞為致良知正道。面對自然界更有萬物一體、聲氣相通，良知既明、科學始創，天理既復、宇宙始成的慧見。此種慧見與經驗科學之研究並不相背，甚或可說是經驗科學能否有成的必要條件。然陽明所說到底是以德性之知爲主，格物致知是用於道德行爲上之爲善去惡，窮理在乎明德，而沒有純概念思辯之學與純物質量化的經驗研究。因此，陽明學對經驗科學之助益，必須先有牟宗三先生所謂之「良知自我之坎陷」。亦即良知須先坎陷自己以從外在物，從物才能知物，知物才能有經驗科學之一套以宰物，然後良知再湧現出來，會物歸己，以良知融攝知識，使物的發明善盡其用。陽明對良知這種轉折曾說：「不務於誠意，而徒以格物者謂之支。不事於格物而徒以誠意者，謂之虛。不本於致知，而徒以格物誠意者，謂之妄。支與虛與妄，其於至善也遠矣。」可見陽明之圓融成熟，是要使德性之知與科學之互相調適。可是在中國以往以德性之知爲重的學風之下，持良知說者往往爲存天理去人欲的內聖之說所吸引，不自覺的將經驗科學研究看得過於輕忽，以至經驗科學或自然物界之知得不到相應之成就，連帶的使中國儒家推崇的外王事業也難全竟其功。

何況，陽明生當明季，而有明一朝乃中國君權最專制之時，胡惟庸案後，不唯相權被廢，連唐宋以來之三省制度亦不復存，權閹氣燄之盛，知識份子之被排斥，皆爲歷史少見，這使大多數明代知識份子都有脫離現實世界以論學的傾向。持良知說者在此壓力下根本無力以改變外在的現實政治環境，只能以良知求一己之心安與設法緩和專制的毒害，並不斷努力給予社會人生正常的方向和信心。此種苦心及努力也許力不足以挽類似明代頹弊之局，然是否能全然持殺其功，自應有公允之論。而吾人對陽明在如是艱困之局中，尙能以良知說立德、立功、立言，實該表達敬佩之意。其良知說之能適用於今日至未來，亦有其理之所固然。

再者，陽明良知之說指點人時，有「簡易直截」之效，因其直就人之生命眞機，說明人只要盡去外在物欲與習氣，雖不識一字，亦不妨儗作天下第一等人。故只要一念覺醒，則任何外在固定形式之風俗規範、經典權威皆不足爲憑、亦不足爲障。此誠所謂：一念透澈、當下即是、圓滿具足、自然超脫。這種超拔物欲之外，以良知爲主之說，一般人體會原已不易，而其眞正困難更在一念超拔之後，如何落實良知理想及如何就現實環境開出客觀文化意識，於現實世界開物成務，見諸事業。陽明本人深具圓融統會思想特色，待人處事，既高明又平實，融理想於現實，故能文能武，有具體事功。然王門後學多無陽明從「百死千難」間成就學問的歷鍊；在現實政治制度下，又多痛感無從著力，承擔人文化成之責任心大爲磨損；而欲轉向從事經驗科學之研究，也缺乏興趣與環境。因此，陽明學所啓發出來的心念超脫，稍有閃失，則淪爲四無依傍的失落感，並不眞能開物成務。此其何以日本學者高瀨武次郎於所著「日本之陽明學」一書中要說：「支那王學者，得枯禪元素，失其事業元素。」「日本之陽明學，反乎支那之墮落的陽明學派，而帶有一種凜然之生氣，能使懦夫立，頑夫廉。」亦何以王門後學龍溪心齋之學會流於妄誕也。

時至今日，個人認爲，我國的政治制度已逐漸民主化，而當前經驗科學之研究發展，工商貿易經濟活動的重視，幾一改數千年的學風與世風，陽明學在歷史上所遭受的限制因素已自動消失。如今以陽明良知之說，配合社會與個人勃發的生氣，鼓舞人人爲第一等人的信心，重振道德踐致的責任感，使吾人超拔於物欲和私利之上，以消除當前不成熟民主的虛浮短視，化解重利輕義、公德淪喪的自私淺陋，使民主和科學建設都合乎正德厚生的理想；進而發揮明德親民、物我同體的自覺，使人與人、人與自然生態都能互尊互重、和睦相處，此亦正是其時矣。就此而言，陽明哲學又何嘗對世道人心無益。本書之寫作，正是基於此種體認，特就陽明哲學所具之圓融統觀加以論述闡發，期使世人對陽明哲學增所了解，而能在我們這個時代展現出陽明學的眞價值。

宋儒胡宏曾言：「今日學者，少有所得，則欣然以天地之美，爲盡在己，自以爲至足，是自暴自棄。」此語個人一直引以爲戒。因此，雖成此書，不敢言得，尙祈長者博學不吝指正，是即個人之幸。

談遠平　謹識

民國八十二年九月

第一章 緒論

第一節 陽明所處之時代背景

思想家的思想固然可以影響或開創一個時代之風氣，但是思想家本人卻也必然受其所處時代之影響。此於陽明亦不例外。故我人在論說陽明哲學前，應先對其所處之時代背景有所了解。

一、政治環境

一個時代之政治環境與政治人物、政治制度、政治實際運作與政治風氣等皆有互為因果的關係。就傳統中國現實政治言，中國是君主政治，君主雖集大權於一身，然在儒家極力推崇的德治民本思想與聖君賢相理想等政治文化的「限制」之下，君權得到某種程度的軟化，可是因為制度上並未有制衡君權的規畫，君權仍為現實政治之最高支配者與決定者。故中國歷史上的君主若稍能尊重儒家德治民本思想，以「聖君」自我期許，則多能開科取士、任用賢能，提振政治風氣，使政治實際運作達一定之標準。這也是後人以「開明專制」形容中國君主政治之原因。然而，若中國君主不願尊重儒家那一套政治文化，則君主又立刻有轉化為暴君之可能。所謂絕對君主專制之出現，正是世人皆知之權力易使人腐化道理的表現，任何君主乃都可能因專權而不自覺的變為暴君。更不幸的是，腐敗專權的君主多寵信身邊小人，這使衆小人有弄權的機會，結果正直之士不容於朝，開科取士，竟變為干祿之具，政治風氣敗壞，善良臣民無所遁逃，唯待某一時機重建新王朝。這亦正是中國歷代政治陷於「一治一亂」之政治格局的原因。

此以明代言，明代為傳統君權集中的政治。但是明代君主政治的情形，卻比明代之前的各朝代更為集權專制。明太祖可謂秦皇後雄猜之主的典型，自開國起即為一姓一家之私，樹慘覈之風。明成祖以篡位得天下，更肆淫虐之毒，以防天下。其後諸君善者不多，變本加厲者卻所在多有。故明代二百七十餘年中，專制氣燄之盛、苛政之烈、弊政之多，皆為歷史所少見。尤其太祖之誅殺功臣宿將，成祖之迫害忠良，幾已成為明代惡劣政治風氣之傳統，歷代君主甚少賢明忠厚，非屬暴虐即是昏庸，卻又緹騎四出，網歛無辜。忠直者多遭不測，權閹小人卻多能獲君之寵信，恣肆專橫貪枉摧殘無已。臣民普遍生活在無可信托與惴惴不安之中，知識分子更是不獲君主尊重，士氣日形消磨，而有民生凋敝，國勢日衰的結果。在這種情形下，當然內亂外患紛至沓來。最後，外有南倭北虜之侵，內有叛卒饑民挺而走險，相聚為亂，終而結束明代。

明代中葉更是以昏君臨朝出名，其中最有名的是以下三個：武宗的荒淫、世宗的昏憒、神宗的怠政。陽明生於憲宗成化八年，死於世宗嘉靖七年，歷經了昏君中的武宗和世宗，其一生可說是處於極其惡劣的政治環境中。以武宗而言，他任用宦官作惡，自己不理朝政，到處巡遊，且又濫施專制淫威，如一次因朝臣諫阻他出遊江南，竟罰朝臣一百零七人跪在午門五天，並廷杖一百四十六人，當場打死十一人。此即可見明代專制之惡毒與臣民受摧殘之深了。而武宗寵信太監劉瑾等人，更使朝政日壞，當時戶部尙書韓文和九卿諸大臣曾上疏說：「伏覩近歲以來，太監馬永成、谷大用、張永、羅祥、魏彬、劉瑾、邱聚、高鳳等，置造巧僞，淫蕩上心。或擊球走馬，或放鷹逐兔、或排優雜劇，錯陳於前。或導萬乘之尊，與人交易，狎匿媟褻，無復禮體，日遊不足，夜以繼之。耗勞精神，虧損聖德，遂使天道失序，地氣靡甯，雷異星變，桃李秋花、考厥占候，咸非吉祥。」但是，武宗卻絲毫無動於心，使宦官氣燄更囂張。正德元年，陽明即是爲了對抗奸宦上疏營救戴銑薄彥徽等人而受杖與被放逐。正德五年，劉瑾伏誅，許泰、江彬、劉暉等奸臣復又得寵，政局更壞。流寇劉六、劉七、楊虎等人縱橫山東、江南一帶；四川、湖廣、江西、福建都有盜賊肆虐。北方韃靼與南方倭寇，亦交相侵襲，南此邊陲幾無甯歲。至於宗藩之變心也有寘鐇、宸濠兩次重大的變亂。這也可看出明代內亂外患之嚴重了。

世宗繼位，仍爲偏執昏憒的專制之君，乃使群臣養成諂諛逢迎之風，正直之士，根本難以立足。在奸宦當權之下，政治之實況爲如陽明所說之：「賞未施而罰已及，功不錄而罪有加，不能創奸警惡，而徒以阻忠義之氣，快讒嫉之心。」（註一）而朝政之壞與朝廷內之傾軋，陽明也曾慨謂：「群僚百司各懷讒嫉黨比之心，此則腹心之禍，大爲可憂者。」（註二）陽明本人在嘉靖元年到五年之間，就是被權臣排擠，困守家居。後因南疆告急，才又召陽明去招撫思、田、平定八寨等地。但陽明逝後，世宗仍聽信譖言，叫廷臣公議對陽明死後的處分，並停止其封爵。這些事實都說明陽明當時之政治環境是何等的黑暗惡劣，及這種惡劣的政治環境對陽明思想人格之考驗刺激又是何等之深。

二、學風士風

前已曾說明太祖可謂我國自秦皇之後雄猜之主的典型，其自開國後即逐漸將權力集中於一己之身，到達專制之極致，對可能危及其政權之人或事無不加以壓制防範，顯露其絕對自私、猜忌與殘忍之一面。因此，明代教育與學術之根基原就不好，太祖屢興文字獄於先，成祖復又誅戮士林正直方孝儒等於後，遂致學術思想自始即難有自由發展之空間。中葉之後，現實政治敗壞愈甚，學風士風更難振作。

以明代考選人才言，富人竟可納粟進入國學，以此監生至濫。州縣徒廣增生員，耗費公帑，卻並不眞有教化，反而在地方上仗勢作惡，欺壓百姓，士習之壞，前未曾有。且自經義變爲八股之後，不僅破壞了士大夫的人格，並且破壞了文化精神，破壞了治國平天下的事業。一切學問及朝廷的爵位，在此一制度下，都化成了個人追求利欲的工具。在這種情形下，士人所言多是虛言，與說者自身毫無關涉。對這種士風，宋儒陸象山就已評過：「今天下士，皆溺於科舉之習。觀其言，往往稱道詩書論孟；綜其實，特惜以爲科舉之文耳。」（象山全集卷十一與李宰）而到陽明之時，學術士風更形惡化，陽明即曾歎曰：「今夫天下之不治，由於世風之衰薄，由於學術之不明。」

歸納陽明自述當時學術士風之敗壞，大致有以下二端：

㈠**聖學晦、邪說橫。**

此如陽明所說之：

三代之衰，王道熄而霸術昌。孔子既沒，聖學晦而邪說橫。教者不復以此爲教，而學者不復以此爲學。霸者之徒，竊取先王之近似者，假之於外，以內濟其私己之欲。天下靡然而宗之，聖人之道遂以蕪塞。相倣相效，日求所以富強之說，傾詐之謀，攻伐之計，一切欺天罔人，苟一時之得，以獵取聲利之術，若管商蘇張之屬者，至不可名數。暨其久也，鬥爭劫奪，不勝其禍，斯人淪於禽獸夷狄。（註三）

時君世主……終身從事於無用之虛文，莫自知其所謂。間有覺其空疏謬妄，支離牽滯，而卓然自奮，欲以見諸行事之實者，極其所抵，亦不過富強功利，五霸之事業而止。（註四）

㈡**仕者只重權勢利欲。**

此如陽明說之：

其出而仕也，理錢穀者，則欲兼夫兵刑；典禮樂者又欲與於銓軸。處郡縣則思藩臬之高，居台諫則望宰執之要……。其稱名僭號，未嘗不曰吾欲以共成天下之務，而其誠心實意之所在，以爲不如是則無以濟其私而滿其欲也。（註五）

聖人之學，日遠日晦，而功利之習，愈趨愈下……蓋至於今，功利之毒，淪浹於人之心髓，而習以成性也。……嗚呼！士生斯世，而尚何以求聖人之學乎？尚何以論聖人之學乎？士生斯世，而欲以爲學者，不亦勞苦而繁難乎？不亦拘滯而險艱乎？」（註六）

士風既然敗壞到如此地步，當然也不可能有良好的學術風氣。陽明對此亦說過：

> 聖學既遠，霸術之傳積已深，雖在賢知，皆不免於習染，其所以講明修飾，以求暢光復於世者，僅足以增霸者之藩籬，而聖學之門牆，遂不復可觀；於是乎有訓詁之學，而傳之以爲名；有記誦之學，而言之以爲博；有詞章之學，而侈之以爲麗；若是者，紛紛籍籍，群起角立於天下，又不知其幾家。（註七）

在這種情形下，所謂之學術也只是「記誦之廣，適以長其傲也；知識之多，適以行其惡也；聞見之博，適以肆其辯也；詞章之富，適以飾其僞也。」（註八）此種學術風氣與陽明求作天下第一等人的性格，自是格格不入的。因此，陽明乃奮然而起，求德性之知的自我完備，上承孟子「求放心」、陸象山「先立其大者」之精神，倡言「心即理」、「知行合一」、「致良知」。自認「以爲必由此而後天下可得而治。是以每念斯民之陷溺，則爲之戚然痛心，忘其身之不肖，而思以此救之，亦不自知其量者。」（註九）。可見，如何從當時物欲利祿、虛文意氣的風習中，透出中國文化的眞精神與爲人處事的眞誠，以挽救當時的學風和士風，這正是陽明畢生的志業。

第二節　陽明家世生平與其其思想之形成

王陽明名守仁，字伯安。生於明憲宗成化八年（公元一四七二年），逝於嘉靖七年，（公元一五二八年），享年五十有七。因晚年在越城東南二十里之會稽山陽明洞築室以居，自號陽明子，學者乃尊稱爲陽明先生。

陽明的遠祖可以上推至西漢的王吉，西晉的王覽和東晉的王羲之。但詳情已無法考，只有在明初的王綱之後，才比較清楚。王綱曾被劉伯溫薦於朝，做過兵部郎中，廣東參議等官。至於對陽明直接有影響的，首推他的祖父竹軒公。竹軒公學養德行俱佳，識者並謂其胸次洒落。雖家貧躬授徒以養母，但是對外家諸姑弟妹，解衣推食，惟恐弗及。而於妻孥之寒餒，則遑恤焉。這種安貧樂道的精神，對陽明有一定的影響，且因陽明幼時無論在餘姚或在京師，幾乎都與竹軒公在一起，故竹軒公對陽明不獨教誨甚深，所知亦甚深，所謂陽明之「豪邁不羈，龍山公常懷憂，惟竹軒公知之。」正可見竹軒公對陽明之認知與期待。陽明母親鄭氏在其十二歲時即過世，其後陽明乃由祖母岑氏鞠養，陽明與祖母間的感情極好，陽明後來所謂愛親一念終不可忘，亦係就這種感情而發，這也使自幼時起即曾慕仙佛之道的陽明終能重回儒家親親仁民之說。陽明的父親，名華，字德輝，號實菴，嘗讀書龍泉山中，又稱龍山公。成化辛丑，賜進士及第第一人，仕至南京吏部尚書，後以陽明之功，追封新建伯。陽明曾贊述其父爲「平生孝友剛直，言行一出其心之誠然，而無所飾於其外。」而龍山公在政治操守上，不畏權勢、不阿諛求全的風格，更對陽明深有影響（註一〇）。

由上所述，可知陽明家世並不富於貲財，祖父竹軒公固恆居貧，父龍山公爲官之前，還須夫人躬紡績以奉舅姑，迨龍山公顯達，才稍起色。但是若稱陽明出身官宦世家，並為望族之後，則非過稱，其父甚至可稱為顯宦，在政府及社會享有尊崇地位。這種家世背景，對陽明性格與知識之形成自有深厚影響。例如其性格上之豪邁超拔，堅忍而又能克己自制與知識上的早發早慧而又能虛內精進，即其著者。

陽明幼時即以聰穎見稱。如在剛學語時，曾忽誦出竹軒公讀過的書句，並謂：「聞祖讀時，已默記矣。」即是。十二歲時，正式就學塾師，然其才氣縱橫，並不願規矩行步。「王陽明先生出身靖亂錄」一書就載有：「十二歲在京師就塾師，不肯專心誦讀，每潛出與群兒戲，製大小旗幟，付群兒持立四面，自己為大將，居中調度，左旋右轉，略如戰陣之勢。龍山公出見之，怒曰：吾家世以讀書顯，安用是為？先生曰：讀書有何用處？龍山公曰：讀書則為大官，如汝父中狀元，皆讀書力也。先生曰：父中狀元，子孫世代還是狀元否？龍山公曰：止吾一世耳。汝若要中狀元，還是去勤讀。先生笑曰：只一代，雖狀元不為希罕。父益怒扑責之。」（註一一）此可見陽明自幼即豪邁不覇，對自己有異乎世俗的自我期許。「先生又嘗問塾師曰：天下何事為第一等人？塾師曰：嵬科高第，顯親揚名如尊公，乃第一等人也。先生吟曰：嵬科高第時時有，豈是人間第一流？塾師曰：據孺子之見，以何事為第一？先生曰：惟聖賢方是第一。龍山公聞之，笑曰：孺子之志何其奢也？」此處陽明並未否定讀書，但認為狀元不是人生理想目標則是很明顯的。此外，「先生一日出遊市上，見賣雀兒者，欲得之。賣雀者不肯與，先生與之爭。有相士號麻衣神相，一見先生，驚曰：此子他日大貴，當建非常功名。乃自出錢，買雀以贈先生。因以手撫其面曰：孺子記吾言：鬚拂領，其時入聖境；鬚至上丹台，其時結聖胎；鬚至下丹田，其時聖果圓。又囑曰：孺小當讀書自愛，吾所言將來以有應驗。言訖遂去。先生感其言，自此潛心誦讀，學問日進。」靖亂錄一書以記載這三個故事，來說明陽明入塾後由嬉遊轉爲肯潛心向學的經過，雖是未必全眞的軼聞，但我人仍可取其象徵意涵，對陽明思想之形成有所了解（註一二）。

靖亂錄又載：「先生十四歲，習學弓馬，留心兵法，多讀韜鈐之書。嘗曰：儒者患不知兵。仲尼有文事，必有武備。區區章句之儒，平日叨竊富貴，以詞章粉飾太平，臨事遇變，束手無策，此通儒之所羞也。」（註一三）可見陽明幼時雖潛心誦讀，但對儒學是否即是論學慕道之唯一重心仍有疑問。迨至十八歲時，「是冬與諸夫人同歸餘姚。行至廣信府上饒縣，謁道學婁一齋，語以宋儒格物致知之義，謂聖人必學而可至。先生深以爲然，自是奮然有求爲聖賢之志。平日好諧謔豪放，此後每端坐省言曰：吾過矣！蘧伯玉行年五十而知四十九之非，何其晚也。」（註一四）自此，陽明才一改狂放的氣質，講求身心的修養與博覽群籍、講析經義，勤讀諸經子史，每至夜分。

二十一歲，爲宋儒格物之學，侍龍山公于京師，遍求考亭遺書讀之。一日，思先儒謂衆物必有表裏精麤，一草一木，皆涵至理。官署中多竹，即取竹格之。沈思其理不得，遂遇疾。先生自委聖賢有分，乃隨世就辭章之學。二十六歲時，邊患甚急，亦曾留心武事，精究兵家。二十七歲，因念辭章藝能不足以通至道，求師友于天下又不數遇，心甚惶惑。乃再依朱子讀書法，循序由博致精。亦即仿朱子所言，依大學、論語、孟子、中庸的次序，去了解聖賢的規模、根本，發越、微妙等方面，希望當這些道理理會得非常熟悉透徹之後，能達「漸漬洽浹」之效。然陽明探討雖博，仍認爲衡以成聖的標準，這種讀書法與成聖隔閡尚深，遂終覺物理吾心判而爲二，心沈鬱既久，舊疾復作，益增聖賢有分之念。偶聞道士談養生，遂有遺世入山之意。三十一歲，自嘆不能以有限精神，爲無用之虛文，乃自京師告病歸浙江紹興，築室陽明洞中，行導引術，能先知。後卻自悟此只爲簸弄精神，非道也。又已而靜久，思離世遠去，惟對祖母岑氏與龍山公有思念之情，不能決定。後忽又悟，此念生於孩提，此念可去，是斷滅種性矣，自是漸與仙釋二氏日遠。三十四歲，在京師感於學者溺於辭章記誦，不知有身心根本之學，乃倡言人必先立爲聖人之志。並與湛甘泉一見定交，共以昌明聖學爲事。三十五歲，武宗初政，宦官劉瑾竊柄，南京科道戴銑等以諫忤旨，遭繫捕入獄，陽明抗疏相救，亦下詔獄。廷杖四十，絕而復甦，更遠謫貴州龍場驛驛丞。三十七歲，在龍場，備嘗艱困，端居澄默，以求靜一。久之，胸中灑灑，因念聖人處此，更有何道，忽中夜大悟格物致知之旨。始知聖人之道，吾性自足，向之求理於事物者誤也，而確立「心即理」的中心信念。三十八歲，貴州提督學政席元山前來問學，陽明告以所悟，元山認爲聖人之道復見，聘請主教貴陽書院，始論知行合一之教。三十九歲，陞廬陵縣知縣，從龍場赴任，過常德辰州，與舊日從遊諸生靜坐僧寺，使自悟性體。後在途中又寄書相告，此非欲坐禪入定，而是欲以此補小學收放心一段功夫耳。四十歲，在京師，論朱（晦庵）陸（象山）之學，其實在藉之申述其本人的思路旨趣。四十二歲，至滁州督馬政，從遊日衆。四十三歲，在南京，有告以自滁遊學之士，多放言高論，亦有漸背師教者。陽明說：「吾年來欲懲末俗之卑污，引接學者，多就高明一路，以救時弊。今見學者漸有流入空虛，爲脫落新奇之論，吾已悔之矣。」故在南京論學，只教學者存天理，去人欲，爲省察克治實功。四十五歲，時汀漳各郡皆有巨寇，陽明奉命巡撫南贛汀漳等處。有曰陽明此行，必立事功，何以知之，曰：吾觸之不動矣。四十六歲至四十八歲，平寇盜、擒宸濠，遭宦官張忠、許泰的讒忌。五十歲，居南昌，正式揭示致良知之教。自謂：「自經宸濠忠泰之變，益信良知眞足以忘患難，出生死。……曰：近來信得致良知三字，眞聖門正法眼藏。往來尚疑未盡，今自多事以來，只此良知無不具足。譬之操舟得舵，平瀾淺瀨，無不如意，雖遇顛風逆浪，舵柄在手，可免沒溺之患矣。」又曰：「某於此良知之說，從百死千難中得來，不得已與人一口說盡，只恐學者得之容易，把作一種光景玩弄，不實落用功，負此知耳。」五十六歲，奉命征思田，行前，應門人請，授「大學問」，闡明大學首章的義理，及大人以天地萬物爲一體之道。並有天泉證道四句教，即：「無善無惡是心之體，有善有惡是意之動，知善知惡是良知，爲善去惡是格物」又說：以此自修，直躋聖位，以此接人，更無差失，自初學以至聖人，只此功夫。五十七歲，平思田，破諸蠻。歸途中，十一月二十九日逝於江西南安。臨終，門人問遺言，陽明微笑曰：「此心光明，亦復何言。」

由上述陽明一生求學問道、自強實踐、完善學養、彰顯生命意義的經歷來看，陽明本人固是自小即有超邁凡俗的大志，但是環境遭遇對他的磨鍊更有積極催化的作用。因此，陽明早年所謂要作天下第一等人，及對學習神仙的興趣，都表示他有種不同流俗的生命精神，不以追求物欲功利爲滿足，而亟思探索出生命之眞價值。換言之，陽明一生可說都是他生命精神的自然流露，也是他清純生命情操的顯現。所以，陽明一生從未爲一己謀，不是在力求超拔物欲，就是希望能以同情諒解之心濟助世人，兼善天下。故而陽明自少亦有用世濟民之志，對匡時救世的方略、文學藝術的技藝、甚至武略兵備都認眞學習。正因爲陽明生命精神的超邁清純，所以他一方面可以作天下第一等人或修神仙以遺世；另一方面亦可求其用世，以濟顚連無告的蒼黎同胞，或請纓闕下，希望能一雪王師奔勞之恥。這種入世與出世的不同表現，都是本於其生命精神的超拔，不以一己現實利益爲滿足的生命探求。所以，自表面來看，陽明一生多姿多彩浪漫狂放兼而有之，然實際上卻是同一人格特質不同機緣的自然顯現。如果說中國文化精神所展現出的人生態度與精神境界，以儒家爲代表的是強調社會關懷與道德義務的境界，以佛老代表的是注重內心寧靜平和與超越自我的境界。那麼中國的仁人智者一定追求這兩種人生態度的綜合統一。因爲唯其能注重超越自我，不爲一己私利謀，則內心才能洒脫自在，進而以盡己之心眞心誠意地關懷社會人群，才能承擔社會責任；而唯其強調盡己性、盡人性、盡物性之道德實踐不以現實得失爲念，內心才眞能寧靜平和。因此，以陽明爲例，他的一生正是這一人生態度綜合統一的典型代表，既有出世的洒落又有入世的情懷，更因在現實世界飽受橫逆考驗，故而能吸儒釋道三家的精華，成其一家之言。因此，大陸學人陳來就曾說：「康德倫理學『敬畏』境界與禪宗的『洒落』精神，在陽明哲學和他個人的精神境界中合爲一體。」（註一五）。當然，這種統一不是輕率可得者，陽明好友湛甘泉說他「初溺於任俠之習，再溺於騎射之習，三溺於辭章之習，四溺於神仙之習」（註一六），稱之爲溺，正形容其全幅生命力的投入，亦是陽明早年摸索經歷的最好說明。而其後，當陽明說其所修行的導引術只是「簸弄精神」，及愛親本性的割捨是「斷滅種性」之時，入世出世之分已能打成一片，他已眞能以出世忘我之心，做入世濟民的實功，不再徘徊於入世與出世之間，可說「陽明這時的入世精神是從人性的認識發出來的，不像少年時的有志用世，不免夾雜了許多功名的憧憬與英雄主義的色彩。這時的入世精神，則只爲了有民胞物與之心」（註一七）。此後，陽明生命的大方向才得確立，終生未嘗變易。

總括來說，陽明早年爲學的歷程就是確立聖人之志的歷程，三十三歲主考山東鄉試時之「山東鄉試錄」，可代表其在龍場之悟前的基本心態，比如：

今夫吾夫子之道，始之於存養愼獨之微，而終之以化育參贊之大。行之於日用常行之間，而達之於國家天下之遠。

聖人各有憂民之念，而同其責任之心。……夫禹稷之心，其急於救民蓋如此。此其所以雖當治平之世，三過其門而不入也歟？雖然，急於救民者，固聖賢憂世之本心，而安於自守者，又君子持己之常道。是以顏子之不改其樂，而孟子以爲同道於禹稷者，誠以禹稷顏子莫非素其位而行耳！後世各徇一偏之見，而仕者以趨時爲通達，隱者以忘世爲高尚，此其所以進不能憂禹稷之憂，而退不能樂顏子之樂也歟？

這表示，當陽明肯定愛親之種性後，入世經世之動機全然以民胞物與爲本，是化小我爲大我的一種道德責任心的發皇。因此其終生堅持儒家「始之於存養愼獨之微」的操持，進而有「達之於國家天下之遠」的推擴，而不爲外在橫逆譭譽或「專於爲己」的忘世隱逸所動。於是雖歷經劉瑾、宸濠忠泰之變，卻不能改變其志，反而因動心忍性使其成就圓融精深的哲學思想與心體光明不須多言的修養境界。

第三節　陽明思想淵源及其圓融統觀之思想特色

陽明的一生，是他成就聖賢事業的經歷，也是他人格精神的全幅展現。一個中國儒者所謂的聖賢事業，必然是內外雙修、本末兼盡，表現出一個完善的道德人格與社會人格，而這一切又是奠基於其學養之上的。因此，陽明之哲學，實際上便是他一生歷經磨鍊的修行所得。以「致良知」來說，「致良知」並不像禪宗所說的打透根源、言下頓悟，而是如其年譜所載從「百死千難中得來」，是一生涵養歷鍊所得。所以，錢穆曾說：「王學雖說是簡易直捷，他的簡易直捷，還是從深細曲折處來。」（註一八）。這表示，陽明哲學雖著重於道德修養與道德成就，要提供一個建立道德實踐的簡易直捷、易知易行的工夫門徑，但是這個門徑的踐致及理論闡述，卻是深細曲折有本有據的。

陽明思想之所以是深細曲折，除了其本人的理論創發外，更在其傳承了在他之前的各家思想精華。換言之，陽明哲學因有其思想淵源，與其本人的闡發增益，而能成就一體大思精的思想體系。此就中國思想言，陽明在儒家方面所傳承者，遠可以溯及詩經、書經、左傳與孔孟。具體而言，其思想理論發用處，主要是根據未經程朱編定補正過的古本大學；其良知心學的源起，主要是受孟子影響；其思想的根本精神是周易；其思想之歸趨是中庸之「誠」與「中和位育」的思想。

就道家思想言，陽明實深有得於道家之精神者。例如陽明之「心猶明鏡說」及「鑑喻」，可說得自莊子，與莊子言「至人之用心若鏡，不將不迎，應而不藏，故能勝物而不傷。」（天道篇）義理相通。又如陽明所謂：「修德日損，問學日進。」與老子之「爲學日益，爲道日損」亦相契。故陽明以良知之說，肯定道問學即所以尊德性，在修身以道，修道以仁的過程中，不偏重聞見之知，不尚繁文縟節，而說「良知不由見聞而有」，正是老子嚴爲學與爲道之分的眞精神。此外，陽明還融會了道家「反樸歸眞」、「歸根復命」、「主靜去欲」的思想，這些都在其思想體系中佔有重要的份量。

就佛學思想言，佛教自入中國後，弘大於隋唐，南宋時已不復當年盛況，惟禪宗猶能承其餘緒，並衍爲若干支派。陽明雖認爲佛家之說過於執著虛寂，無法承擔現實人文化成的責任，不比儒家之善盡人倫關係，曾言：「釋氏卻要盡絕事物，把心看做幻相，漸入虛寂去了。」（註一九）。然其受佛家思想影響卻極深，於其著述語錄中，類似「有心皆實，無心皆幻，無心皆實，有心皆幻」及「不枉了因此一大事來出世一遭」（註二〇）這種語句隨處可見。又如陽明晚年有所謂「四句教」，其中「無善無惡心之體」之高境界，其實是根基於爲善去惡之「時時勤拂拭，毋使惹塵埃」，才能保心體純淨無垢之本然。這種心體觀，顯然受「大乘起信論」與神秀禪學的影響。而華嚴宗「萬法唯心」的意趣，應該對陽明也有啓發。陽明四十歲之後，對佛學興趣已減，專力闡述自己哲學思想，曾言：「吾亦自幼篤志二氏，自謂既有所得，謂儒者爲不足學，其後居夷三載見得聖人之學，若是其簡易廣大，始自嘆悔錯用了三十年氣力。」（註二一）然其對佛學僧肇三論之物不遷論、不眞空論、般若無知論仍一直感到興趣，且由之使其思想顯露動靜相待、體用一源、寂照同時等圓融統觀之特色。

再以宋儒來說，陽明一方面本於明道「學者先識仁」的精神，比較著重心體的流行與察識，而承傳程明道、謝上蔡、胡五峰、陸象山、陳白沙這一學脈。尤其明道之論動靜、寂照統會於「體用一原」，以表「定性」與人心渾然一體，有所謂「性心合一」說（註二二），陽明即藉之而發揮「定心論」。稱：存良知，定心之本體；致良知，照心之妙用。故良知不僅是發於本體明覺之自然，復又是發於昭普萬物之自然。如是而揭示即寂即感、即動即靜、即體即用之理，而歸結成其圓融統會之哲學思想也。在另一方面，陽明也頗留意於程伊川「在中」之說與「心是已發」之論，因此楊龜山、羅豫章、李延平、朱熹這一系「道南之傳」對陽明思想之形成，亦有其一定之影響（註二三）。一般而言，因陽明特別推崇陸象山，使後世有「陸王」並稱的說法。可是，這並不表示陽明不受朱子的影響。此除陽明自己曾言：「僕于晦庵亦有罔極之思」、（註二四）、「平生于朱子之說如神明蓍龜」（註二五）、「吾于象山之學有同者，非是苟同，其異者自不掩其爲異也；吾于晦庵之論有異者，非是求異，其同者自不害其爲同也。」（註二六）之外，後人如劉蕺山之「陽明傳信錄」、李穆堂之「朱子晚年全論」、「陽明學錄」、錢穆之「朱子新學案」（註二七）、陳榮捷之「從朱子晚年定論看陽明之于朱子」（註二八）都對朱子給與陽明思想上之種種影響，如回應、存疑、闡發、評論等，皆有所明述。唐君毅更曾根據陽明爲學之次第、格物和修養工夫，認爲陽明的爲學是從朱子學一轉而出，因爲以陽明哲學言，朱子已發的省察克治和未發的存養，只是致良知工夫的貫徹。在先秦儒學的承傳上，象山源於孟子，朱子、陽明源於大學、中庸，故他力言朱陸王學一如三角形之互資互發，而王學綜貫朱陸，成其圓融統會之思想。唐君毅乃說：「朱陸之學，乃緣周張之言天人之際，二程之言內外之際，而直下措思于一心中之明覺與天理之際。陸子發明本心，自近明道之言一本。陸子謂『孟子十字打開，更無隱遁』乃本孟子言『萬物皆備于我』之旨，以言宇宙即吾心；亦猶明道之亟稱『孟子之發揮出浩然之氣，可謂盡矣。』乃本孟子之『浩然之氣塞乎天地』之旨，以言仁者之渾然與物同體也，朱子之主敬存養省察致知格物之功，以兼中和，則明出于伊川之『涵養須用敬，進學在致知』之兩端並進之功。然伊川之學，亦原本明道之學，而朱陸之學亦自有通途。明代陽明致良知之學，緣朱子之格物致知之論轉手，而化朱子之知理之知爲天理良知，以還契陸之本心，則由陽明學亦可得此緣朱通陸之途。」（註二九），此正可顯示朱子對陽明影響之切，及陽明思想之圓融。

由上可知，陽明哲學有其淵源傳承。實爲有本有據，故才能有深密曲折可言。雖是如此，陽明哲學所指點出來的修行門徑卻又是簡易力行的。這亦是陽明哲學的特性，代表陽明哲學不論是體認或實踐，皆有其化繁爲約、簡易直截的一面。對此陽明本人亦屢屢說及：

> 惟天下之聖，爲能聰明睿知。……聖人只是一能之爾，能處正是良知，衆人不能只是個不致知，何等明白簡易。（註三〇）

順其自然之流行，皆是良知之用。……此處能勘得破，方是簡易透徹功夫。（註三一）

此道，至簡至易的，亦至精至微的。（註三二）

某近來卻見得良知兩字日益眞切簡易。（註三三）

根據陽明年譜所記，其簡易透徹哲學來自龍場之悟，即所謂：「聖人之道，吾性自足。向之求理於事物者，誤也。」因此，牟宗三乃言，陽明自悟之當下起，「即無人我之界，物我之限，頓時即涵蓋乾坤萬有而爲人生宇宙大本。」（註三四），於是一切學問乃可收歸一處，陽明才會說：「四書五經，不過說這心體。」（註二九），而亦才有簡易透徹、眞切洒脫學問可言。蔡仁厚於此亦才指出：「由『明心體』以明聖人之道，乃是儒家之通義。明道所謂『學者須先識仁』，象山教學者『辨義利』、『先立其大』，以及陽明之『致良知』，全是爲學入道的緊切之言，亦正是聖賢之學的血脈門徑。」（註三五），亦是對陽明所言「明白簡易」之學最好的說明。

然若吾人進一步體會，則可知陽明哲學之所以能包涵深密與簡易兩部分，完全在於陽明哲學本身有圓融統觀之特性，所謂之深密或簡易只是從不同角度去論說分析而已。若就陽明而言，其所言，原本是圓融統會者。此如傳習錄所載：「惟乾問，知如何是心之本體？先生曰：知是理之靈處，就其主宰處說，便謂之心，就其稟賦處說，便謂之性。孩提之童，無不知愛其親，無不知敬其兄。只是這個靈能不爲私欲所遮隔，充拓得盡，便完全是他的本體，便與天地合德。自聖人以下，不能無蔽，故須格物以致其知。」（註三六）可見在陽明看來，心、性、道、理、知、行，根本是一。故他常說「心一而已」、「性一而已」、「道一而已」、「理一而已」這種話。對此梁兆康、曾有極允當的解析，有必要在此特別引介。他說這是因爲陽明「是在總觀精神之下，而觀察存在變化的整個關係的。」（註三七）。「總觀」即是完全、整體、無偏差無缺失之觀察，亦是眞實、周延、正確、透澈之觀察，其含意與圓融統觀意涵相通，是不同詞彙所作的相同說明，故所謂「總觀精神」實質上可說就是本書所說的「圓融統觀」。其實不僅陽明哲學有此總觀精神，以通貫其整個學說，宋明儒者亦多以一種總觀精神來表達做人與爲學的理想，此於其等之言論中處處可見，如：

周濂溪曾說：

聖、誠而已矣。誠、五常之本，百行之源也。（通書誠下第二）

厥彰厥微，匪靈弗瑩。剛善剛惡，柔亦如之。中焉止矣。二氣五行，化生萬物。互殊二實，二本則一。是萬爲一，一實萬分。萬一各正，小大有定。（通書理性命第二十二）

張橫渠亦有：

天所性者通極於道，氣之昏明不足以蔽之。（正蒙誠明篇）

神天德，化天道。德其體，道其用。（正蒙神化篇）

性者，萬物之一源，非有我之得私也。（正蒙誠明篇）

二程全書上則云：

詩書中凡有一個主宰底意思，皆言帝。有一個包涵遍覆底意思，則言天。有一個公共無私底意

思，則言王。上下千百歲中若合符契。（二程全書，遺書第二上）

萬物皆只是一個天理，己何與焉。……只有一個義理，義之與比。（同上）

若不一本，則安得先天而天弗違，後天而奉天時？（同上）

天人本無二，不必言合。（二程全書，遺書第六）

道、一本也。（二程全書，遺書第十一）

中者天下之大本，天地之間亭亭當當、直上直下之正理。（同上）

劉蕺山也說：

一元生生之理，亙萬古常存。（劉子全書卷十，學言上）

由此可知，中國哲學包括陽明哲學在內，無不在於使對宇宙與人生之體悟發揮成旁通統貫之思想體系。此一思想型態眞可謂千聖一脈，久遠相承。而陽明在文化思想之傳承上，亦能承宋儒遺風，將心、性、理、天，以及人心與道心等，統化爲一，並一以貫之、圓融無礙，充分顯露出圓融統觀之思想特色。

所謂圓融統觀即是一種圓融統會之哲學觀，凡具圓融統觀特色之思想體系，其論述不僅是統之有宗，會之有元，更能化除一般思想建構中的對立概念，使形上形下、一多、心物、主客、體用、動靜、超越與內在、一己與萬物等概念都能消除對立分裂，而建立一旁通統貫的思想體系，依此而言，圓融統觀不僅求建立彼是相因、交融互攝、通貫一本的思想體系，更要解決哲學思想上最終之價值統會問題，使價值與存在滴上滴下，綜會於至善。庶乎理想與現實互得其眞，個人與天地雍容浹化、合德無間。推而廣之，萬物同源、事事無礙，燦然同美、一體而化，當下得與天地同流。此以中國哲學言，其基本特性乃使中國學人論述天道人事之時，置「思想的中點與重點不落在天道本身，而落在性命天道相貫通上。」（註三八）。這樣才能將「超越性原理」化爲「內在理想性原理」，使二者圓融統會。這樣一來，價值之最高統會充份呈露於吾人心中，同時又呈現遍在於萬有，而爲萬有所同具。這時，才有牟宗三所言之：「中國文化生命所凝聚成之倫常禮文與其超越而普遍之道德精神實體尤具圓滿之諧和性與親和性，不似西方之隔離。」（註三九）。於是，圓融統觀表現出一種不將人物視爲對立，不將萬有宇宙視爲孤立之觀點，而以旁通統貫精神，建立融貫萬有，囊括一切，使天下萬物皆能統攝於在本質上交融互攝、廣大和諧的思想系統。憑藉這種圓融統觀思想，陽明亦才能說：「聖人只是順其良知之發用。」（註四〇），「天地萬物俱在我的良知發用流行中。」（註四一）。這是因爲舉凡有關實有、存在、生命與價值，都在陽明哲學中相與浹化。方東美乃說，這種圓融統會哲學觀，「早期中國思想家往往視爲哲學推理之結論，然卻成爲王陽明思想所憑藉之重要起點。」（註四二）。而此正是本書所據以從事研究的基本依據。

從陽明哲學透顯之圓融統觀來看，可知陽明係從心之靈明發竅處感應萬物，以言本心良知發用，進而發揮天地萬物爲一體之念，有人文化成天下之德業，是爲陽明哲學之眞價值。其說固爲中國古今各派哲學思想之共同旨趣，然陽明之特殊即在於以圓融統觀爲依據，直指人人本有之本心良知，立下聖賢學問的基礎。蔡仁厚對此即說過：「聖賢學問是『生命的學問』，屬於內容眞理。凡內容眞理，皆繫於一念之覺醒，皆繫屬於心體。」（註四三）。而由圓融統觀可知，此一念良知之覺醒，必與天地萬物一體同仁之感，此種「萬物一體同仁」之感，存而養之、擴而充之，發揮極致，於親民愛物，充份盡倫中，明明德於天下，即爲聖智圓滿。我人認爲，此種內外物我、形上形下通而貫之的圓融統觀，正爲陽明哲學之起點與終極理想。陽明本人對此亦曾說：

……這心體即所謂道，心體明即是道明，更無二，此是爲學頭腦處。（註四四）

定者，心之本體天理也。動靜，所遇之時也。（註四五）

一者，天理；主一是一心在天理上，……名雖不同，功夫只是一事。就如易言敬以直內，義以方外，敬即是無事時義，義即是有事時敬，兩句合說一件。……會得時，橫說豎說工夫總是一般，若泥文逐句不識本領，即支離決裂，工夫都無下落。（註四六）

……大本立而達道行，九經之屬可一以貫之而無遺矣，尚何患其無致用之實乎？（註四七）

蓋其心學純明，而有以全其萬物一體之仁，故其精神流貫，志氣通達，而無有乎人己之分，物我之間。（註四八）

緣天地之閒，原只有此性，只有此理，只有此良知，只有一件事耳。（註四九）

所謂尊德性而道問學一節，至當歸一更無可疑。（註五〇）

如今正要講明，功夫不要有內外，乃是本體功夫。（註五二）

……我不是要打做一個，如曰夫道一而已矣，又曰其爲物不二，則其生物不測，天地聖人皆是一個如何二得。（註五三）

道一而已，論其大本大原，則六經四書無不可推之而同者。（註五四）

政在親民，曰親民何以乎？曰在明明德。曰明明德何以乎？曰在親民。曰明德親民一乎？曰一也。（註五五）

由上可知，陽明哲學雖體大思精，然其基本核心在肯定至善是心之本體，只要明明德至精一處便可，是爲存在與價値合一、性天不二。此即陽明本於圓融統觀，極深研幾，層層拓展所發揮出來者，於是陽明才有「至當歸一」、「道一而已」、「一以貫之而無遺」與心理合一、知行合一、體用合一的悟證，此正可說圓融統觀是陽明思想所顯露之思想特色。黃梨洲在「明儒學案」卷十姚江學案中曾論及陽明學的後三變，其說亦可確實證知陽明哲學圓融統觀之思想特色，梨洲云：

自此（龍場悟道）之後，盡去枝葉，一意本原。以默坐澄心爲學的。有未發之中，始能有發而皆中節之和。視聽言動，大率以收斂爲主，發散是不得已。江右以後，專提致良知三字。默不假坐，心不待澄，不習不慮，出之自有天則。蓋良知即是未發之中，此知之前，更無未發；良知即是中節之和，此知之後，更無已發。此知自能收斂，不須更主於收斂；此知自能發散，不須更期於發散。收斂者，感之體，靜而動也。發散者，寂之用，動而靜也。知之眞切篤實處即是行，行之明覺精察處即是知，無有二也。居越以後，所操益熟，所得益化。時時知是知非，時時無是無非。開口即得本心，更無假借湊泊。如赤日當空，而萬象畢照。是學成之後，又有此三變也。

蔡仁厚稱這所謂的「後三變」，是陽明哲學同質的發展，是同一個系統的圓熟完成。並說「明儒學案」這段記載包括：收斂與發散圓融而為一，未發已發無先後之分，知與行合而為一等三項特色，更已克服主客體分裂對立之境，而使良知之用，動而無動，沒有動相，它只是發而中節之和，只是天理流行，故而良知之發，亦即知即行，知的過程與行的過程相終始，學問功夫到此境地，可謂深透而無窒礙（註五六）。然此實即由圓融統觀之意涵所表現拓展出來者，由此亦可得知圓融統觀實為陽明哲學憑藉以成之起點與其終極理想，故本書說明陽明哲學具有圓融統觀之思想特色，亦是據實以闡發其思想之重要性。

第四節　研究的基本態度

在任何研究中，都存有三個彼此密切關連，需要嚴肅對待、尋求圓滿解答的問題，此即：如何發現問題？如何解釋問題？以及如何解決問題？而任何研究，如欲圓滿解答上述三個問題，使研究的結果真實、正確、客觀、周延，在研究效用，在研究者個人方面則需要「理論素養」、「價值選擇或判斷能力」、「事實認定能力」等，皆達一定標準。這些雖是常理，卻不容輕忽或欠缺，否則，在研究問題時，將不能獲致圓滿的認知、解釋與判定。

準此認識，則研究者在從事一個思想家的思想研究時，自必須先把握到他的理論結構，順著他的思路去探索，進而把握他的思想意旨，才能眞正了解他思想中間所含藏的特色和問題，由此而提出懷疑、解說、評估和詮釋，也才能與他思想本身相應，這種研究才眞有價值。可是，就這一方面言，「中國的思想家，很少是意識的以有組織的文章結構來表達他們思想的結構，而常是把他們的中心論點，分散在許多文字單元中去，……很少下一種抽象的可以概括全般的定義或界說。」（註五七）這可能是因爲中國思想家的思想，係出於其自身生活的體驗，故具體性多於抽象性，使他們的理論結構都是以潛伏的狀態而存在。這對從事研究者當然產生了極大的困擾。

因此，本書的第一個基本研究態度，就是先忠實的閱讀陽明的各類作品，將陽明全集的各種資料如書札、奏章、雜文、語錄等在作整體的深入辨析解讀後，再覆按各部分思維表達之性質，以允當相容各觀念、各問題爲線索審愼謹嚴的將資料重新予以組合排比，以便於找出陽明對各問題的明確說明，以及尋求出各種資料間的相互關連，而於最後獲致能夠歸趨於一既能統攝復又切合的理論基點，說明陽明所開展的思想結構。

如本書題目「論陽明哲學之圓融統觀」之所示，「圓融統觀」即爲解析陽明思想的理論基點。蓋研究思想家之思想，不僅貴在求眞，尤貴在能闡發其精義，個人企望藉此理論基點展開之研究，能夠達成求眞與闡發陽明哲學之特色與精義的目的，故本研究工作可說是一種「創造性詮釋」（Creative Hermeneutics）（註五八）的研究結果。當然，此處所說的「創造性詮釋」決不能是個人妄自斷獨的主觀偏見，而應是依據可靠的詮釋前題，緊扣陽明哲學體系之理論結構，同時參考學術界已有之各種客觀資料與研究成果，經嚴格檢覈與驗証後所得的一種研究成果。換言之，所謂「創造性詮釋」是從研讀陽明哲學之所得，選擇符合陽明哲學義理架構又足以爲陽明哲學定性的詮釋概念，以此來爲陽明哲學要義作一分析闡述。只要這種「創造性詮釋」不是個人主觀偏見，能使整個研究有所依據與規限而不致於牽強附會，則應對陽明學的研究有所助益。

於此需要再稍作說明的是，本書的研究，固然重視陽明本人的著作本義與思想結構，但也同樣重視陽明之生平、家世、經歷、事功及其所處之時代背景，後者包括政治與社會環境、學術發展演變與風氣、士風的各種表現，以免可能失於「以經解經」或忽視其思想之時代性。因此，本書之研究在講求基本認知、愼作價值判斷與事實認定之外，雖然是先從說明思想體系內部觀念與觀念間的結構關係入手，目的是在先釐清「單位觀念」（Uint -idea）的意涵（註五九）。但是卻極其注意觀念與社會背景或思想家本人思路進展間的關聯性。這是因爲單單採用「單位觀念」的這種研究方法，可以說只是一種側重思想系統內部觀念與觀念間結構關係之研究方法。

上所說有人將之歸類於內在的研究途徑（internal approach），種種所謂「觀念史」（History of idea）的研究即爲其代表。像余英時就曾說這種研究係「把思想史本身看做有生命的、有傳

行不通的。……所以在外緣之外，我們還特別要講到思想史的內在發展。我稱之爲內在的理路（inner logic）。」（註六〇）。但是，這一研究法常因假定觀念之演化本身有其獨立自主性，不認爲觀念該受到諸如政治、經濟、社會等外在環境條件的影響，故其缺點爲易於脫離社會或文化脈絡之外而不自知。本書爲避免這一缺點，特別也參考「外在的研究途徑」（external approach），採取外在研究途徑之側重思想研究必須置於其歷史環境來瞭解（註六一）的特點。所以，本書之研究是內在研究途徑與外在研究途徑的調和折中。

正因爲本書之研究是採內在與外在研究途徑的調和，所以我人一方面以若干基本觀念來說明陽明哲學的義理架構，一方面也著重陽明所處時代之背景及陽明個人思路不同進展階段之特色，說明陽明哲學建構的發展過程。然後再以唐君毅所謂超越反省的哲學方法（註六二），對陽明哲學要義作通盤之說明。所謂「超越」反省法是指「人之哲學活動，只能在各科學知識或各常識所及之諸範圍外，或其相關之關係間進行，冀能發現建立吾人之各種科學與常識之貫通關聯，及其與存在事物之貫通關聯等。此即哲學思維，永不能成爲只對一定範圍之世界，作內在的觀察反省，而必須成爲對此限定範圍之世界，作超越的反省者之故。」（註六三）；因此，「大率而言，超越的反省之用，在補偏成全，由淺至深，去散亂成定常。知正而又知反，即所以補偏成全。知如此而知其所以如此者，即所以由淺至深。知如此與如彼之互爲局限，如此者是如此，如彼者只是如彼，不相混淆，則可以去散亂成定常。合此三者，使偏合於全，淺通於深，散亂者皆統於定常，是爲求貫通關聯之哲學方法。」（註六四）。

總結於上，我人可說，本書之研究首先是依陽明哲學義理，確立圓融統觀此一詮釋前提，再藉調和內在與外在研究途徑，從相關文獻的比較分析中，找出陽明哲學體系內具有代表性又能通貫其他觀念的基本觀念，這些基本觀念包括心即理、知行合一、致良知等等，最後再以超越反省的方法，本諸詮釋前提說明基本觀念及整個思想系統的建構，都在表達圓融統觀之思想特色，以此而達到「補偏成全，由淺至深，去散亂成定常」的目的，而能眞正闡發陽明哲學之特色。

【附註】

註一　王陽明，「再辭封爵普恩賞以彰國典疏」，王陽明全書，台四版（台北：中華書局，民國七十四年），卷一三，頁二四上。

註二　王陽明，「與黃宗賢」，王陽明全書，前揭書，卷二一，頁二二上。

註三　王陽明，傳習錄，王陽明全書，前揭書，卷二，頁一三上。

註四　同上註，頁一三下。

註五　同上註，頁一三至一四。

註六　同上註，頁一三下。

註 八　同註五。

註 九　同上註，卷二，頁三一上。

註一〇　參閱鄭繼孟，王陽明傳，初版（台灣：綜合出版社，民國六十七年），頁八至一七。

註一一　下述陽明幼時三則軼事係參閱墨憨齋（馮夢龍），王陽明先生出身靖亂錄，初版（台北：廣文書局，民國六十九年），上卷，頁六至七。

註一二　此段相士所言，史學家如毛奇齡等皆斥爲不可信，然依杜維明，新儒家思想的實踐，王陽明的青年時代（一四七二～一五〇九），（英文本），初版（台北：宗青圖書公司，民國七十二年），頁九之所言，謂此種記載，應重視其對陽明的象徵啓發性，此應可供我人參考。

註一三　同註一一，頁八。

註一四　同上註，頁九。

註一五　陳來，王陽明哲學的精神——有無之境，初版（北京：人民出版社，一九九一年），頁二七三。

註一六　湛甘泉，「陽明先生墓誌銘」，王陽明全書，前揭書，卷三七，頁一六上至下。

註一七　鍾彩鈞，王陽明思想之進展，初版（台北：文史哲出版社，民國七十二年），頁一二至一三。

註一八　錢穆，陽明學述要，台二版（台北：正中書局，民國四十六年），序言，頁一。

註一九　同註三，卷三，頁一三下。

註二〇　王陽明，「與黃宗賢」，王陽明全書，前揭書，卷六，頁一四下。

註二一　同註三，卷一，頁二八上。
註二二　程明道，二程全書，「答橫渠先生定性書」，卷三，頁一。
註二三　參閱張永儁，「陽明先生的『知行合一』說」，革命哲學，初版（台北：國防部總政治作戰部，民國七十四年），頁一三四至一三五。
註二四　王陽明，「答徐成之」，王陽明全書，前揭書，卷二一，頁八上。
註二五　同註三，卷二，頁二九下。
註二六　王陽明，「答友人問」，王陽明全書，前揭書，卷六，頁七上。
註二七　參閱錢穆，朱子新學案，初版（台北：三民書局，民國六十年）。
註二八　參閱陳榮捷，王陽明傳習錄詳註集評，修訂再版（台北：台灣學生書局，民國七十七年），頁四三七至四五八。
註二九　唐君毅，中國哲學原論原教篇，初版（香港：新亞研究所，民國六十四年），自序，頁五。
註三〇　同註三，卷三，頁一五下。
註三一　同上註，卷三，頁一七上。
註三二　同上註，卷三，頁二七下。
註三三　王陽明，「寄鄒謙之」，王陽明全書，前揭書卷六，頁三下。
註三四　牟宗三，「王陽明學行簡述」，生命的學問，三版（台北：三民書局，民國六十七年），頁一六五。

註三五　蔡仁厚，王陽明哲學，初版（台北：三民書局，民國六十三年），頁一四六。

註三六　同註三，卷一，頁二六上。

註三七　梁兆康，「陽明學說體系探究」，復興崗學報，第一六期，民國六十六年元月，頁六。

註三八　牟宗三，中國哲學的特質，台初版（台北：台灣學生書局，民國六十三年），頁二四。

註三九　同註三四，頁七六。

註四〇　同註三，卷三，頁一三下。

註四一　同上註。

註四二　Thom'e H.Fang, Chinese Philosophy: Its Spirit And Its Development (Linking Publishing CO., 1981), P.447.

註四三　同註三五，頁一一上至下。

註四四　同註三，卷一，頁一二上。

註四五　同上註，卷一，頁一三上。

註四六　同上註，卷一，頁二五至二六。

註四七　同上註，卷二，頁七上。

註四八　同上註，卷二，頁一二下。

註四九　同上註，卷二，頁三三下。

註五〇　同上註，卷二，頁三六下。

註五一　同上註，卷三，頁二上。

註五二　同上註，卷三，頁三上。

註五三　同上註，卷三，頁二四下。

註五四　王陽明，「答方叔賢」，王陽明全書，前揭書，卷五，頁五上。

註五五　王陽明，「親民堂記」，陽明全書，前揭書，卷七，頁一八上。

註五六　同註三五，頁一七。

註五七　徐復觀，「研究中國思想史的方法與態度問題」，中國思想史論集，四版（台北：台灣學生書局，民國六十四年），頁二。

註五八　參閱 Charles Wei-Hsun Fu, Creative Hermeneutics, Journal Of Philosophy 3 (1976).P9. 115-143.

註五九　參閱王爾敏，「近代中國思想研究及其問題之發掘」，中國近代思想論，初版（台北：華世出版社，民國七十一年）頁五二二。

註六〇　余英時，「清代思想史的一個新解釋」，歷史與思想，初版（台北：聯經出版公司，民國六十五年），頁一二四。

註六一　同上註，頁一七〇。

註六二　唐君毅，哲學概論，台初版（台北：台灣學生書局，民國六十三年），頁一九五。

註六三　同上註，頁二〇三。

註六四　同上註，頁一九四至一九五。

第二章　圓融統觀之意涵及其與陽明哲學之關係

幾乎任何一個哲學家都以建立嚴謹而完整的理論體系爲目的。根據西方哲學家魯德納（Ricard S. Rudner）對理論所下的定義爲：「凡是一套陳述或某些類似定律的通則，其相互間具有系統上的關連性及經驗上的可證性，便是一個理論。」（註一）另外，艾薩克（Alan C. Isaak）則將理論界定爲：「一套通則，包括了我們直接了解和運作界定的概念；不過除此二者之外，還有更重要的理論概念，雖然不能直接觀察，邏輯上卻與那兩種可觀察的概念有關。」（註二）。由此看來，一個理論的成立，至少必須具備邏輯上的系統推演和經驗上的事實印證。如果按照這個界定來檢視陽明哲學，只要我人不以狹義的經驗印證爲唯一標準，則陽明哲學內的陳述確實具備相互間系統上的關連性，其概念在邏輯上也合乎可觀察的概念，故陽明哲學也是一個嚴謹而完整的理論系統。

然欲解說陽明哲學這個理論系統，我人認爲可從論述其具備圓融統觀之思想特色入手。前已說明，圓融統觀係指圓融統會之哲學觀。其論述不僅是統之有宗、會之有元，更要能化解消除一般思想建構中的對立概念，而形成一種旁通統貫的思想體系，這在陽明哲學中是特別明顯，亦正是陽明哲學的特色所在。

其實，任何哲學思想只要言之成理、持之有故，必然有其統之有宗、會之有元的中心論點，以推演發揮其說成一完備之思想體系。此以中國先秦儒家四書五經思想言，孔子之論語係以論「仁」爲主，孟子以立「性善」爲主，中庸以道「誠」、「中和」爲主，大學以言「明明德」、「誠正」爲主，詩以道「溫柔敦厚」爲主，書以教「精一心法」爲主，易以論「窮神知化」爲主，春秋以立「禮義大宗」爲主，禮以論「親親尊尊」爲主。凡此皆表示，同屬儒門的四書五經每一說皆各有義理上的特殊性，都能表現出其立說的基本理念與中心旨趣，然對儒門的義理却是從不同角度有所增益發揮。

但是，如果吾人深入細觀儒家傳統經典，將會發現他們除因各有其立言重心而各具特色外，事實上他們仍共同具有一個義理相通的觀點，因此雖各自有不同層面的發揮，卻仍爲同一價值義理系統相攝互通。唯其如此，反而能多方闡釋此一義理，使入淵深妙會之境。尤其值得我人注意的是，儒家由論人心爲道德實踐之主體，進而發揮人道天道合一的根本旨趣，實是儒家之基本義理。此蓋因傳統儒家經典雖秉於人的本心仁體，多言現實世界人類的道德實踐與人文化成的成就，但更能善推人文創化的根本理趣與善體本心仁體與大化流行的眞幾，於是能闡明天地間的一切人文活動，只是生生不息、新新相運、遍在流行「仁體」不容已的自然顯發。所以，從思想之統會通貫來看，天地宇宙的創化可說是本於天地間的「仁體」，而創化的過程則是天地宇宙自我實現之大化流行的過程。此過程表現在自然現象上，是無窮的秩序與美感，表現在人文現象上是豐富的情誼和價值。而儒家更認爲人在天地間，能以本心之仁參贊宇宙的創化，亦才有人文現象之種種情誼和價值。所以無論是以「仁」、「性善」、「誠」或「窮神知化」等爲立論重心，皆爲此同一理念的闡發，這表示以儒家爲代表的中國哲學確實有這麼一種融合人己物我、通貫形上形下的義理統會觀點。

陽明亦認爲先聖先賢講學論道必有其義理統貫處，此如：

昔夫子謂子貢曰：賜也，汝以予爲多學而識之者與？對曰：然非與。子曰：非也，予一以貫之。然則聖人之學乃不有要乎？（註三）

……豈特三百篇，六經只此一言便可該貫，以至窮古今天下聖賢的話，思無邪一言也可該貫，此處更有何議，此是一了百當的功夫。（註四）

此外，陽明自認他自己講學也是有根本通貫觀點的，此如：

昏闇之士果能隨事隨物精察此心之天理，以致其本然之良知，則雖愚必明雖柔必強，大本立而達道行，九經之屬可一以貫之而無遺矣。（註五）

區區所論致知二字，乃是孔門正法眼藏，於此見得眞的，直是建諸天地而不悖，質諸鬼神而無疑，考諸三王而不謬，百世以俟聖人而不惑。（註六）

由此可見陽明或中國學人論學雖都可借用不同言詞以闡明其理，然卻可歸約爲同一通貫之義理。因此，陽明乃說：

禮也者，理也。理也者，性也。性也者，命也。維天之命於穆不已，而其在於人也，謂之性。

其粲然而條理也，謂之禮。其純然而粹善也，謂之仁。其截然而裁制也，謂之義。其昭然而明覺也，謂之知。其渾然於其性也，則理一而已矣。（註七）

經，常道也。其在於天，謂之命。其賦於人，謂之性。其主於身，謂之心。心也、性也、命也，一也。通人物、達四海、塞天地、亙古今。（註八）

陽明上述所說，表示其哲學係本於「理一而已」、「性天不二」的統會通貫觀點，這種統會通貫的圓融統觀在陽明哲學的重要性正如牟宗三所言：「妙在主客觀兩面之提綱同樣飽滿而無虛歉，而以圓頓之智慧成其『一本』之論。」（註九）。而所謂「同樣飽滿而無虛歉」或「圓頓」，則是指這種一本通貫之論，必須是圓融統觀，否則便不能主客觀兩面之理同樣一時俱足。因此，唐君毅亦說：「中國哲學以天人合一或天人不二之旨爲宗。其言心、言性、言情、言欲、言意、言志，皆所以言人，而恆歸於天。其言帝、言氣、言陰陽乾坤，言無極太極、言元、言無，皆所以言天，而恆彰其用於人。至於言理、言道、言德、言行，則恆兼天道人道、天德人德、天理人理，以言天人之同道、同德、同理、而同行。」（註一〇）。可見，在陽明或中國學人心目中，人與宇宙實乃處處融通一致，於是亦能形成一個和諧圓融的思想體系，這也就是一種圓頓一本的圓融統觀。

在這麼一種理解之下，吾人發現在研究陽明哲學時，無論是說陽明學說，「是以中國傳統哲學裡面，『功夫與本體』、『體與用』這兩組概念爲根本的。」（註一一）；或是說研究的目的在於希望「理解陽明如何處理有之境界與無之智慧的對立與聯繫，從而顯示出整個宋明理學的內在線索和課題，以及陽明及其哲學的地位與貢獻。」（註一二），都可以透過圓融統觀得其確解。換言之，從圓融統觀來研究陽明哲學，正可以深入闡發陽明哲學中所具有之體用合一、心物合一、知行合一、心理合一、身心合一、動靜合一、人心道心合一、明德親民合一等要義。因此，本章先說明圓融統觀之意涵，再說明其與陽明哲學之關係。

第一節　體用一源

此處所言體用，係指理體與現象。而「體用一源」一詞原爲宋儒程伊川於「易傳序」之用語，其言爲：「至微者，理也，至著者，象也，體用一源，顯微無間。」意即在說明理體與現象間之關係爲不一不二也。至於「體用不二」一詞則出於天台宗佛學，後朱子亦極善用此義，屢言「體用無間」、「理一分殊」之理。而此種「不二」、「一源」在西方哲學上則以懷德海（A.N. Whitehead）之運用最佳，他甚至以"Process and Reality."爲書名，發揮體用不二之理；中國禪宗與陽明之活用亦臻化境，尤其陽明合禪於儒，由述朱而大加發揮「體用一源」之意，實爲本節以「體用一源」一詞論述圓融統觀意涵之據也。

在西方哲學上，本體論（Ontology）一詞，有人認爲係以「實在」（Reality）或「存有」（Being）之本義與本性爲研究對象者，此乃形上學（Metaphysics）的一部門。但是西方哲學家的眞正貢獻，仍是在所謂一多、心物、形上形下、表象與實在的爭議之外，企圖在變化無常的現象探索是否眞常不變的本體。因此，西方哲學往往先確立認知的主體，再向外界去認知物象，進而解決現象本體的問題。而當其建構起本體思想時，又多以實體（Substance）、屬性（Attribute）、狀態（Mode）這些概念來說明萬有的存在與轉變。但這種說明通常是靜態思辯的客觀描述，對本體現象間之關聯作用仍未能盡釋群疑。例如所謂實體是不待外物而能自存的存在，所謂屬性乃界定爲實體的主要性質，二者間的關係爲透過屬性才能設想實體，然屬性又須以各種不同狀態來表現其自身，可是在畫分實體與屬性時，本體與現象仍有互爲隔絕外在之嫌。然西洋哲學家鑽研既深也自有所成，其以宇宙外物的探討成就其宇宙論，再以宇宙論爲人生論的基礎，由天到人，本體思想上嚴心物之辨，現實人生則有能知所知之分，於是從認知思辯的方法，構思精微，把邏輯學與形上學結合成一嚴謹系統，分別說明形上學的理論結構與實現原理。

可是以中國哲學之基本精神而言，中國哲學家並不願像西方學者那樣，把形上學分爲理論結構與具體實現兩不同層面來說明討論，因爲這兩不同層面無論是用第一不動的上帝或是用唯物論者所推崇的物質來聯繫，都始終有一鴻溝橫亙其間。因此，在中國學者心目中，形上學並不在於純思辯式的追究宇宙之根底或宇宙之構成原素，而是在於體悟宇宙創化的價值之源，由明天人之際，順性命之理，終而成天下之文，於是形上形下雍容洽化，有一完整立體式之動態統一發展結構。故此處所謂形而上者，即指在任何現實世界現象事務之中，那種視之不見、聽之不聞、搏之不得的「萬物資始」、「萬物資生」的道理。這個道理可以有貫串天道和人道的價值顯現，而有「彝倫攸序」之美稱。可是這種原則中的原則、目的中的目的卻必須落實於現象界，必須在現實世界中顯露其光輝。對這種形上思想，方東美就嘗說：「我以『超越形上學』（Transcendental Metaphysics）一辭，來形容典型的中國本體論，其立論特色有二：一方面深植根基於現實；另一方面又騰衝超拔，趨入崇高理想的勝境而點化現實。」（註一三）。此即是說，中國人絕不認爲有隔絕外在的形上之理，而要說本體雖無定相可言，但卻可顯發爲無盡的價值。這就是圓融統觀中體用一源特性之即體即用，即用即體的神妙。所以中國人才能建立一套體用一如、變常不二、即現象即本體的形上思想體系，而也才有圓融統觀可言。

因此，中國學者說若要論究大化流行或宇宙本體，「不妨即用顯體，因爲體，是要顯現爲無量無邊的功用的。用，是有相狀詐現的，是千差萬別的。所以，體不可說。而用，卻可說。用，就是體的顯現，體，就是用的體。無體即無用，離用元無體。所以，從用上解析明白，即可顯示他（用）的本體。」（註一四）。可見這種體用一源的本體思想，乃剋就不可說的體與無自體的用而言，是一種利用「非說，非非說，所以名說」表達方式所呈現的本體思想，其既以體用爲一源，更有全體大用、明體達用、本體發用等觀念，實不同於超絕塵寰、敻然孤立、靜而不動的本體思想。此若以中國哲學中，所謂之太極爲例，太極本身固是終極之理，然太極並無自體，必以萬物之用爲其體；太極也不能自有其能，必須以萬物之能爲能。因此，我們甚至可以說，太極亦必須即體顯用，要通其變而成天下之文，極其數而定天下之象。此文此象即是舉而措之天下之民的事業，即是百姓日用、立成器以爲天下利的富有大業。離開這些器用，根本便無所謂的太極理體。所以可知，不可形容的太極理體，它所顯發出的能，並非其本身故意存心要顯者，而是因太極理體純是由「仁而不得已」、妙運遍潤於萬物之實，而由萬有之跡，所凸顯出來的能，此亦才有動靜闢闔的陰陽變化，這正是體用一源的道理。

在根據體用一源本體現象不一不二的形上思想之下，中國學人進而揭示出即功夫即本體的道德修養論。這還是因爲中國學者不願撇開現象以求本體，而有在現實世界落實人文化成之理想的心願，故而可說中國人的生活興趣是寄託在「此世」，認爲在這現實的人間世中，就可以充分完成人類所追求的一切價值。假使宇宙中有一個可能設想的最好世界，那就該是此世，因爲憑藉人類通力合作的創造性生命，不難點石成金，將此現實世界點化超昇，臻於理想。這表示對中國人而言，在體用一源的理念下，多相信現實世界確有其理想價值，不容逃避或盲目否定的。但是人類在現實世界若想眞能承擔如同宇宙創化一般的價值，必須先提昇其自身的價值，有具體的道德修養功夫才可。此處所謂功夫，指個人在現實世界活動中之去人欲存天理的修明明德。唯其能確實的去人欲，使良知本心呈露，滿心而發莫不皆是天理流行，才有中庸所謂之「肫肫其仁，淵淵其淵，浩浩其天。」這表示只有在浩浩其天的仁心之中，一切都是仁體天心直接呈現之流行發育，更無間隔，更無封畛，而爲肫肫其仁所洋溢瀰淪。於是人於此若有一自覺的修行功夫，由盡己性以上通至參天地贊化育之境，則天人物我、身心知行、形上形下都能澈底打成一片。這種即功夫即本體、體用一源的形上思想與道德修養論，不但使道德學與形上學結合起來，更能「由此而開出由心性以知天之中國形上學之正宗」（註一五），這也是此處所言圓融統觀之主要意涵。唯其如此，牟宗三乃說天地間的道理若統會於天道誠體或仁體，則這些「體」必現於用，故易經無妄卦象傳曰：「天下雷行，物與無妄。」，正指雷動風行，一切皆眞實無妄，此即示天道即誠體，萬物皆一誠之所貫。然人卻可以「純亦不已」的道德修養與天命之於穆不已相契合。此即工夫即本體之意也。此一道理實極圓融高明，幾乎可用來說明所有中國哲學家的理論構思。此一道理之根據亦仍在「體用一源」四字，只要善體這「體用一源」四字，則知「天命之於穆不已亦即是一敬體、一誠體。此純是自體上言敬言誠。亦反而體證此體是道德的同時即形上的，是形上的同時即道德的」（註一六），而宇宙人生的一切道理統而貫之，可在此一統觀之中，得其確解。牟宗三更贊此爲：「體用不二，充實圓盈之教，乃中國既超越亦內在、最具體、最深遠、最圓融、最眞實之智慧之所在。」（註一七）。

第二節　和諧感通

由體用一源可知天道理體固然原本不可用言語形容而有「天何言哉」之嘆，可是天道理體卻由其「不容已」的展現爲用，使我人可以即用以證體。此亦即是說我人可以在天道理體「發微不可見，充周不可窮」的神用處，體悟肫肫其仁的本體。於是，就「妙萬物而爲言」，發微充周之妙用是神亦是理，誠心之寂感一如是神亦是理，仁心之覺潤無方是神亦是理。因此，宇宙創化之寂然不動感而遂通是一種和諧感通，我人道德實踐上之感潤無隔到物我一體，亦是和諧感通，本節乃就此義而說明圓融統觀之另一意涵。

我人可以說，西方文化思想的特色在於向外界進行分析探討的工作，而其主要成就亦在於此。既然要進行分析探討，必然首先要確立能分析的主體與所分析的客體。這種分析的意識立即使每一個思想者都自覺與其他存有不同，每一個思想者都會自認是主體，而其他存有都是「外物」。這樣一來，不但自然的和諧一致性被打破，人類的問題也自此而起（註一八）。對這一點，我們可以拿西方典型的亞里斯多德的邏輯為例來說明。在亞氏邏輯中，不論是全稱判斷、肯定判斷或否定判斷，都只是在表達一種所謂的「歸屬關係」（relation of attribution）。也就是從一個實體（substance）出發，再從知識論的立場將實體化成認知上的主體（subject）然後說在這個主體之外的其他的一切事務或狀態都只有在化成形容詞之後，才能歸屬於那個主體，以完成邏輯推述。可是這種邏輯推述所用的動詞，卻是不及物的Be動詞（Verb to be），所以事實上，不論亞里斯多德講任何判斷或說明任何關係都無法眞正成功，因為他只能把許多事物化成屬性，又因為這些屬性無法獨立自存，只好再把這些屬性化到主體裡面去（註一九）。但是這樣並不能消解主詞與述詞間的對立情形，反而因抹殺「客體」，使人與人、人與萬物都隔離對立起來。

上述這種對立性並非一無是處，西方心理學家榮氏（C. G. Jung）就曾說：對立性是促使人類生命歷程充滿活力的必要緊張力（註二〇）。我們可以拿文藝思想來說明由這種對立「緊張力」（

tension）所帶來的活力。此如：當古典主義過份偏執於理智和形式時，就興起崇尚感情與自由之浪漫主義。可是當浪漫主義流於狂熱誇張時，再又有重視現實與理智的自然主義，然後當這種自然主義講過了頭，才又有所謂的神秘主義與印象主義。由此看來，西方文化各方面的優點，正是因爲其在每一對立的偏執中都能將其特色發揮的淋漓盡致，各有可觀之處，也能刺激不滿某一偏執的對立者起而代之發揮出另一特色，造成文化的創新與進步。但是，就整體來說，西方學術文化，卻因始終都是在二元對立這一立場徘徊，這不僅構成近代西方人的困惑，也造成現代人的煩悶。

其實不分中西，只要習於運用對立觀點的人，就有可能全然不顧外在他物的價值，只以自己主體意圖爲念，強要外在的人與物都臣服於其一己的主觀價值之下。熊十力曾感嘆這種人爲：「……不求復其與萬物同體之本性，不務全其所以生之理，只退墜而成爲一物，以與身外之物相攻取。」（註二一）。方東美則評論這種對立性對近代西方思想的影響爲：「近代歐洲人雄踞一己生命之危樓，虎視宇宙之遠景，情則激越，理轉退歛；理或遠注，情又內虧；實情與眞理兩相刺謬，宇宙與生命彼此乖違。揭生命之情，不足以攝宇宙之理；舉宇宙之理，不足以盡生命之情；情理異趣，物我參差，結果遂不免兩相矛盾，銷磨牴觸，趨於空無，入於幻滅。這就是歐洲人在生命過程中所演的悲劇。」（註二二）有類似相同感受的，並不只是中國人，一位頗負盛名的英國詩人和藝術史家秉寧（L. Biryon）也說：「目前我們西方人所經驗到的是一連串的怨恨和挫折。我們雖然已能操縱和利用自然界的資源，但儘管我們多麼努力，仍然有些重要的東西爲我們所忽略。我們把生命肢解成許多分離的部分，每一部分都由冠冕堂皇的科學所主管，其結果把生命的整體弄得模模糊糊，弄得我們似乎完全失去了生活的藝術。」（註二三）。印度詩人泰戈爾（R.Tagor）更對假分析理性爲名，使自然和諧被打破的對立性思想表示不滿說：「西方常以征服自然的思想自傲，好像我們都是生活在一個敵對的世界中。在那裡，我們必須向外掠奪所需，才能生存。……於是造成了人，和孕育我們的宇宙之間的一種人爲的分隔。」（註二四）。可見，如果我們習於惡性二分法來思考問題，自然會誤把宇宙的事物放置在如同水火不容的兩極對立之中，而彷彿把整個宇宙當成一個戰場，很多事物或現象在這戰場之中，紛爭衝突不已。

但是中國學人在以圓融統觀面對宇宙人生時，卻因爲圓融統觀有一種「和諧感通」的特性，足以避免那些由惡性二分法所導致的衝突矛盾，而另有和諧自在與圓融濟通的生命境界可言。這是因爲，中國學人素來認爲，人的生命及人文活動與其他人或外在世界必須和諧互助、內外相孚，才能絜幻歸眞，成就物我。而人也唯有澈知人與自然相因相成、流衍互潤，蔚成同情交感的和諧中道，才能淋漓宣暢生命之燦溢精神於大方無隅的大道之中。亦唯有這種保全太和，才能使每一個人盡生靈之本性，合內外之聖道，贊天地之化育，參天地之神工，充分完成生命理想上的最高境界。

「和諧感通」之所以能造成同情交感太和境界，是由於中國學人相信萬有的生存發展是一整體，一切的關係都不是單向的，更不是對立隔絕的而是可以「互爲因緣」、「互爲條件」、「更互相應」的。所以，我們便可以發現在森羅萬象的宇宙裡面，雖然在表面上有衆多差別世界的事物，但是這些事物卻都可以相互的、輾轉的，交互的發生廣大的作用。這就證明平常被誤會爲對立的事物，實在有一種相互關涉（Mutual Relevance）的關係，是互相扶持的，而不是互相對立、互相衝突的，反而在互相通貫，互相依持之中，彼彼相望，互爲能持，互爲所依，因此，萬有互爲依持，非但莫不爲主，亦莫不相屬，是以不齊而齊，玄同彼是。這時，物與物之間，是一種和諧圓融相感通的融貫關係（Relation of Consistence），所以任何兩個事物都可以並存而不相悖，任何兩個表面對立的事物都有實質相待關係（Essential Relativity），這也正是莊子要說萬物「彼是相因」、「彼此相待」的道理。我們亦乃可說在「和諧感通」性之下，宇宙間的一切關係都是在表現相互平等性、相互依存性、相互起作用、相互無障礙。方東美也才說，如果以相互蘊涵、相互關涉關係，及價値討論上的相互重要（Mutual Importance）來討論宇宙人生問題時，就會發現「宇宙裡面所存在的種種阻礙的障礙，都能一一地獲得消解或化除。因此在他們所謂整個的宇宙，就彷彿在生命領域裡面的各種神經系統、消化系統、循環系統、肌肉系統，都是牽一髮而動全身。因爲它們彼此是相對待的，是互相扶持、互相統貫、互相維護，而不是衝突矛盾的。」（註二五）。

因此在論及中國文化思想與西方之不同時，我們可說，西方文化比較傾向於控制環境征服自然，中國文化則注重人與自然、人與人、人與時間的調和，把宇宙看成一個整體系統，在此一系統中的部份只有均衡調協，才能維持整個系統長久的運作。更値得說明的是，在這「和諧感通」的均衡調協特色下，中國哲學特別重視各種對立物之間的互補，和自行調節以保持整個機體的動態平衡。它強調的是執兩用中與相反相成的道理，亦即所謂「孤陰不生，獨陽不生；陰中有陽、陽中有陰；中醫理論便突出表現了這一特徵，而不是如波斯哲學強調的光暗排斥，希臘哲學強調的爭鬥成毀。」（註二六）。蓋就體用一源的哲理而言，太極理體或天道只是至一至虛至健的創造力，而此創造力必須普現在萬有之至殊至實至賾的用上。故太極理體無自體，要順萬物之性爲體。可是當清虛炤健的太極理體，顯現爲萬殊之用時，其剛健的生化運息，必須藉兩種既相對又相蘊含的作用互爲濟通才可圓滿表現出來。此以周易爲例，則以乾來代表不息不已的健動功能，以坤代表生而不有、虛靈明覺的凝歛順動功能，這兩種功能貌似相對反，但却透過相反相成的道理，可以化成天下。周易繫辭大傳乃有：「夫乾，其靜也專，其動也直，是以大生焉。」，「夫坤，其靜也翕，其動也闢，是以廣生焉。」熊十力亦言：「所謂變化，從一方面說，他是一翕一闢的。」（註二七）。此即是說如果以乾來代表創始原理，則乾是一個有廣大生發性的宇宙創造精神，它涵賅萬有，將之統攝於健動創化的宇宙秩序中，而能使萬有充其量、盡其類，各遂其生。可是單有乾並不能完成創化宇宙的工作，必須有一個持養厚載萬物的坤來代表維持生命發展的孕育力量，它順承乾元的創始性而曲成之，使乾元之創始性得以賡續不絕、綿延久大。而這一義理仍是「和諧感通」特性所言物與物之間那種和諧圓融的融貫關係，使萬有互爲因緣、相互關涉所顯現者。

圓融統觀之「和諧感通」特性除可以拿乾坤之相反相成爲例來說明外，更可以在宇宙大化流行的生成變化曲成萬物中顯其特色。蓋若本於「天地之道可一言而盡，其爲物不貳，則其生物不測」之論點，則無論「爲物不貳」或「生物不測」都只是一片洋溢的生機。但是此生機必須眞能如實地感潤萬物生化不息，才符合「生」意。因此，「生」者須具備和諧感通這種妙運、妙應之義，才能以清通之神、無累之虛靈感通含攝萬物，使大化流行之動靜聚散不滯不塞，此即「和諧感通」性之所以能曲成萬有。這一點，我們可再藉窮神知化的易理來說明。此如周易繫辭傳之有：「生生之謂易」、「神無方而易無體」、「易無思也，無爲也，寂然不動，感而遂通天下之故」諸形容宇宙創化之語。其中所謂的「易」有不易與變易兩種含意，但是變易與不易卻是互相關涉、互爲因緣的，因爲「由體成用，說不易即是變易。從用見體，說變易即是不易。又變易以流行言，不易謂流行中有主宰。」（註二八）。所以易體不但是超越性之天理，更由妙萬物而爲言的「神用」，使全易體只爲一神用，全神用即爲易體自身，於是才有陰陽變化、生生不息的「易」。這固是體用一源之說，然由此更可明由「神用」之感通以曲成萬物之理。

而大化流行之神用既要妙萬物而爲言，則不能有隔絕偏執之心，必須以圓融關涉之相對待關係與萬物相感通。張橫渠正蒙乾稱篇即有：「無所不感者虛也，感即合也，咸也。以萬物本一，故一能合異。以其能合異，故謂之感。」周濂溪通書第九章亦云：「無思、本也。思通、用也。幾動於此，誠動于彼。無思而無不通爲聖人。」可見宇宙之創化因無意必固我之念，而有至誠如神的感通妙運萬物，才有所謂「一能合異」之無所不感，亦才以無思之本顯其思通之用。周易所言「無思也，無爲也，寂然不動，感而遂通天下」正是此意。此種道理二程亦有深入的說明：「寂然不動感而遂通者，天理俱備，元無欠少，不爲堯存，不爲桀亡。父子君臣常理不易，何曾動來？因不動，故言寂然。雖不動，感便通。感非自外也。」（二程全書，遺書第二上）此即言萬物之感通，本於萬物內在的相互關涉、互為因緣，非「自外」也。同時，這種不易之常理實無故意造作之動相，而為無思無為之寂然。正因為如此，其在大化流行中，才能生物不測、妙用無方的隨感而顯現於萬事之中以成就萬事。如對父則顯為孝行，對子便顯為慈愛，對朋友便顯為信義，諸如此類，萬物皆然，皆為寂感眞幾之神所感通顯發，而「元無欠少」。對易經所代表的這種圓融統觀，方東美乃說：「易經哲學乃是一大套動態歷程觀的本體論，同時亦是一套價值總論，從整體圓融、廣大和諧之觀點，闡明『至善』觀念之起源及其發展。故旁通之理也同時肯定了生命大化流行，瀰漫天地萬有，參與時間本身之創造性，終臻於至善之境。」（註二九）。這雖是對易經的闡揚，然亦正是在說明圓融統觀之意涵。

由上可知，在「和諧感通」特性之下，相反者可以相成，宇宙生化又是妙運萬物般的感通曲成萬物，則宇宙間永恆創造的歷程與人類積健為雄的活動交融互攝，使現實世界充滿廣大悉備的生命契機，這時天與人、人與人、人與物都是相待而有、相待而生、相待而成，都能雍容和諧，略無仇隙，毫無衝突。人類在此種世界之中，自然應該促進維護這種廣大悉備的理想性生命契機，使天下萬物都能各得其所、各正其命，使世界各處都顯露親切而和諧的圓融關係。從這個角度來看，「和諧感通」的圓融統觀實為中國哲學最積極應世、成己成物的偉大原則理想。

而若把體用一源與和諧感通綜合起來，這兩大特性更足以表徵出圓融統觀之整體性意涵，能建立起一套旁通統貫的思想體系。而圓融統觀之所以能建立旁通統貫的思想，正在於其體用一源與和諧感通之特性，足以統攝萬有、包舉萬象而一以貫之。故當其觀照萬物，係自萬有之全貌著眼，能充分顯現萬物的多采多姿與生意盎然。而當其面臨宇宙萬象時，萬有雖頤然紛呈似無定則，然就體用一如、形上與道德相通的體驗來看，紛然雜處的萬物，處處又實有價值統一之妙跡可尋。進而言之，「此類披紛雜陳之統一體系，抑又感應交織，重重無盡，如光之相網，如水之浸潤，相與洽而俱化，形成一在本質上彼是相因，交融互攝，旁通統貫之廣大和諧系統。」（註三〇）。此即圓融統觀之要義所在。

第三節　圓融統觀與陽明哲學之關係

由前述圓融統觀的意涵分析中，我們可以看出由體用一源與和諧感通之特性，足以表示宇宙創化曲成感潤萬物到人道的挺立，皆有一統之有宗，會之有元，圓滿無遺、通一不隔的一本通貫之理。此一本通貫之理即圓融統觀。牟宗三對此曾說：「所謂『一本』者，無論從主觀面說，或從客觀面說，總只是這『本體宇宙論的實體』之道德創造或宇宙生化之立體地眞貫。此本體宇宙論的實體有種種名：天、帝、天命、天道、太極、誠體、神體、仁體、中體、性體、心體、寂感眞幾，於穆不已之體、等皆是。此實體亦得總名曰天理或理（Categorical Reason）。此理是既超越而又內在的動態的生化之理、存在之理、或突現之理。自其爲創造之根源說是一（Monistic），自其散著于萬事萬物而貞定之說則是多（Pluralitic）。自其爲一言，是動態的理（活理Active reason）；自其爲多言，是靜態的理。自其為動態的理言，它既是本體論的存有（Ontolagical being），又是宇宙論的活動（Cosmological activity）。總之，是『既存有即活動』的這『本體宇宙論的實體』（Onto-Cosmological reality）。自其為靜態的理言，它是只偏於『本體論的存有』義，而且亦顯現有『普遍理則』之義，但這是那動態之理、根源之理所放射出來、自發出來的一種貞定狀態，亦可說是顯的狀態。寂顯通而為一，統曰理或天理，它是本體宇宙的實體，同時亦即是道德創造（道德行為之純亦不已）之創造實體（Creative reality）。」（註三二）。牟宗三這段論述可說是對圓融統觀的最好說明。

我們如果再進一步深究，則更可發現圓融統觀實在可以消解動靜、一多、有限無限、心物、理事、知行等等的差別對立，而達到萬物一如的境界，建立旁通統貫的思想體系。因為圓融統觀所要表達者是，一有形上之理，必然發舒創化萬物，使理有事為之應；一有現實之物，則必然表現向上的「創造衝動」，在萬物有物有則中，使事有理為其本。因而也就有即物即理、即理即物的互倚互成。所以世界上不但沒有孤立抽象的思想體系，也沒有孤立空乏的境界。此以佛學華嚴經而為例，所謂「理法界」與「事法界」必然要感通結合起來成為「理事無礙法界」，然後我們再從玄妙的思想領域或本體領域，投到現實世界上，體會出現實世界上的一切事都是理體的實現，都能透過理圓融的解釋成為「事事無礙法界」。這樣一來，我們才可以把各種差別境界——理法界、事法界、理事無礙法界、事事無礙法界這許多的差別界統一起來成為一個「一真法界」。這正是圓融統觀之把整個世界當成一個通貫統一系統的基本觀點。各種各樣的「事」都是在說明與體現宇宙的「理」，而這個「理」又滲透潤澤在宇宙萬有裡面，由宇宙萬事萬物來表達「理」。所以一切表面上差別、對立、矛盾的現實世界才能統貫成一個廣大的和諧世界。因此，佛家才有：「芥子納虛彌」、「一塵中見萬法」的說法。同理，宋明儒者也有事理不二的體證，如程子所說，始爲一理，中散爲萬事，末又復合爲一理。朱熹所謂之物物各具一太極。羅近溪所說之捧茶童子皆爲道，都是圓融無礙的話頭。這些都足以使我們了悟圓融統觀所言之形上理體之無所不在，而萬物變化也只是理體不容已的感通呈現。復因現實世界是由體用一源、和諧感通特性所了悟之理體現萬有，故知全之不礙分，分即是全。所謂月映萬川，萬川仍共一月。故形上理體之流行雖功用萬殊，然每一藉體起用者，不僅彼此同情交感、互爲因緣，更爲具同性之本體，而無大小多寡可分。所謂「一花一世界，一葉一如來」，一一纖塵、理皆圓足，也是此義。此即莊子所言之：「舉莛與楹，厲與西施，恢恑憰怪，道通爲一。」（齊物論）。這表示，自圓融統觀觀萬物，萬物皆可通一而無二，縱使物象上有所差異，但能感通互濟，並無矛盾悖理處。只要我人不泥於物相，不爲事物表相所誤，則道無執情、物無執情、我亦無執情。由是玄同萬不同、玄齊萬不齊，自是理事互融、心物交攝、無入不得。

所以，就圓融統觀看世界，是一片鳶飛魚躍的「保育太和」，正如中庸所說之：「中也者，天下之大本也；和也者，天下之達道也。」是萬物並育而不相害，道並行而不悖的大同之和。而人類生活於此，自不難有與天地並生、與萬物爲一，共享創造生命之美的神奇高貴感受。這時，我之於人，人之於物，一體俱化，到處無不是宇宙普遍生命大化流行的美好境域。在時間中，無一刻不在發育創造；在空間內，無一處不是交澈互融。由於圓融統觀這種體認，使我們看得出、悟得到，並且相信每個人及每一外物的存在價值，和我們自己的是完全可以感通一致的，也就使我們堅信現實世界可以點化成本體的至眞之境，也可以成爲萬有價值的淵藪。方東美說，這就表現出原始儒家所謂的天地同一（Cosmic Identification）的精神，把人的生命，提昇到精神價值的理想上面去，使現實人類的生命活動，與最高尚的價值理想，合而爲一，實現「人文化成」的價值理想（註三二）。而這可說是圓融統觀的基本意涵與最高理想。

在論析圓融統觀上述這種意涵之後，我們發現陽明哲學與圓融統觀的關係是極爲密切的，甚至可說陽明哲學無不在表現圓融統觀的思想特色。我們實在可以透過圓融統觀來說明陽明哲學的精義，此可分下述五點說明之：

一、性天合一與致良知之即體即用

陽明爲了說明其哲學思想亦曾按照中國哲學之一般用語隨機用不同言詞說明他的哲學思想，但究底而言他的思想仍係憑藉一統之有宗，會之有元的一貫觀念而發，此如：

性一而已，自其形體也，謂之天；主宰也，謂之帝；流行也，謂之命；賦於人也，謂之性；主於身也，謂之心；心之發也，遇父便謂之孝，遇君使謂之忠，自此以往，名至於無窮，只一性而已。（註三三）

理一而已，以其理之凝聚而言，則謂之性；以其凝聚之主宰而言，則謂之心；以其主宰之發動而言，則謂之意；以其發動之明覺而言，則謂之知，以其明覺之感應而言，則謂之物。（註三四）

此即可知，以圓融統觀來看，陽明哲學處處在表現體用合一，主客不二特性，宇宙萬有雖隨緣呈現有所不同，但實際仍爲同一理體之顯發，可統會於一基本理念之下。故言生物不測的大化流行有其主宰之帝，亦有其流行之命；然當其賦於人時，人得之爲性，此性又以人心爲其主宰，心之明覺發用則有忠孝慈惠等具體現行。而此理從主宰凝聚到發用流行，還是所謂寂然不動、感而遂通的即體現用，是妙用無方的神體，隨感而顯現於萬事，故才可說：「性一而已」、「理一而已」。惟須明白者，乃此「理一而已」之下，身、心、意、知、物爲交養互發，內外本末，一以貫之。因此，陽明一生講學之眞正用心，即在這種性天合一的體悟下，在勉人從事道德實踐，故他本於圓融統觀，將「性一而已」的慧見充分發揮之後，也把論學心得統會於「致良知」三字。故說：

這良知訣竅……眞個是靈丹一粒，點鐵成金。（註三五）

……蓋良知只是一個天理自然明覺發見處。只是一個眞誠惻怛，便是他本體。故致此良知之眞誠惻怛以事親，便是孝；致此良知之眞誠惻怛以從兄，便是弟；致此良知之眞誠惻怛以事君，便是忠；只是一個良知，一個眞誠惻怛。（註三六）

這表示，陽明不但認爲天理流行，性一而已，人世間的各種德目，也只是本心良知眞誠惻怛的隨緣感應而得成者。明乎此理，人的安身立命有靈丹一粒，立其大本，便可體悟良知與天理不一不二，是天理自然明覺發見處，也是人心的眞誠惻怛處。人於此，才眞有下學上達之可言。亦即在眞誠惻怛良知成爲價值統會之後，天命之至善，普現於靈昭不昧之良知，而可使超越性的天理貫澈於父慈子孝、仁民愛物的實際道德行爲中。這樣一來，萬事不僅「只一性而已」，更可以拿「良知」來代替超越性的天理成爲造化之精靈，這才使陽明哲學具既主觀又客觀、既存有又活動之圓融統觀思想特色，而能通達一貫。故陽明又說：

> 良知是造化的精靈。這些精靈生天生地，成鬼成帝，皆從此出。眞是與物無對。（註三七）

天地萬有是妙用無方之神用所成就，陽明稱之爲「造化的精靈」，這證明陽明確實從神用之廓然大公，感而遂通把良知與天理等同起來，而有統會一本之論說。陽明對天地造化之道，還有下述之說明：

> 天地氣機，元無一息之停，然有個主宰，故不先不後，不急不緩，雖千變萬化，而主宰常定。（註三八）

可見造化精靈良知之可貴在其不僅爲天地創化的主宰，更能依貞定有常之主宰，即體現用，在體用合一中不先不後、不急不緩，生天生地、生生不息。本於這種圓融統觀，人於現實生活也須以性天不二之精神自強不息實致良知才可，故陽明又云：

> ……天理無一息之間斷，才是能知晝，這便是天德。（註三九）

須要時時致良知的工夫，方才活活潑潑地，方才與他川水一般。若須臾間斷，便與天地不相似。（註四〇）

這是說致良知之道德實踐，是良知本體不間斷的自我呈現，非另有一心去致良知，此是即本體即工夫之意。而人在不間斷的實致良知時，又是良知本體至善的實現，此則是即工夫即本體之意。總之，我人唯有在眞切篤實的致良知時，才能全然顯露良知本體之至善與天道至尊至貴的天德性體，此正是即本體即工夫，即工夫即本體的圓通。故可說陽明之致良知是即流行即主宰，即體即用，即動即靜，即心即理，而又能鼓勵我人從事不容欺昧的道德力行，其間並無任何神秘可言。故陽明乃有如下之解說：

九川問曰：伊川說到體用一原顯微無間處，門人已說是泄天機，先生致知之說莫亦泄天機太甚否？先生曰：聖人已指以示人，只爲後人揜匿我發明耳，何故說泄。此是人人自有的，覺來甚不打緊一般，然與不用實功人說，亦甚輕忽可惜，彼此無益。（註四一）

天理在人心，亙古亙今無有終始，天理即是良知。（註四二）

由此可見，宇宙生化的仁德天理就是我人昭靈不昧的良知，其以體言，皆同其超越與尊貴。然此體之能否影顯端賴良知之是是非非，故我人唯依純亦不已的道德實踐工夫，才可上契天理，此爲體之貫用，更爲用之顯體，這是陽明何以要說「本體功夫」之不分內外及不能與「不用實功人」說之原因。其致良知之即體即用義於此可明。

二、體用合一與動靜寂感合一

若要論究變易無間斷的天理流行與天地氣機之主宰間的關係，陽明則將之歸諸體用合一，此如：

……即體而言，用在體，即用而言，體在用，是謂體用一源。（註四三）

……執事姑求體用之說，夫體用一源也，知體之所以爲用，則知用之所以爲體者矣。雖然體微而難知也，用顯而易見也。……夫謂自朝至暮，未嘗有寂然不動之時者，是見其用，而不得其所謂體也，君子之於學也，因用以求其體。（註四四）

這表示陽明之論天地主宰本體與天理流行間之關係，是本於圓融統觀，絕不把宇宙本體視爲隔絕外在者。而是說本體除了是作爲一切生成變化之基本主宰原則，使萬有能動靜有常、所居有序、天地有位之外，這個萬有元始之體，不能是一個孤懸在外的死體，他必須更是一個生生不已、有感有應的靈明沖寂之體。以周易的道理來形容，體用之間的關係，即爲生化不可測的神無方，與視大化流行爲稱體現用的易無體。此所謂無體，乃指此體是離有無相，極難以言語形容之一無方所、無形限、無造作、清靈微妙、圓滿周偏、至神至誠的創作眞幾，於是才有太虛無形中的發用流行。故陽明又說：

誠是實理，只是一個良知，實理之妙用流行就是神，其萌動處就是幾。（註四六）

良知之虛，便是天之太虛；良知之無，便是太虛之無形。日月風雷、山川民物，凡有貌象形色，皆在太虛無形中發用流行，未嘗作得天的障礙。（註四七）

夜來天地混沌，形色俱泯，人亦耳目無所睹聞，眾竅俱翕，此即良知收斂凝一時。天地既開，庶物露生，人亦耳目有所睹聞，眾竅俱闢，此即良知妙用發生時。（註四八）

由此可知，陽明深知造化常理有收斂凝一的貞定，也有妙用發生的流行。所以有天地開、庶物生發之順應無滯，也有眾竅俱翕、形容俱泯之歛藏無形。然其或發用或凝用，關鍵在一萌動感應之「幾」。由此「幾」而有動靜陰陽合一之神用，故陽明又云：

流行為氣，凝聚為精，妙用為神。（註四九）

夫良知一也，以其妙用而言謂之神，以其流行而言謂之氣，以其凝聚而言謂之精，安可以形象方所求哉？眞陰之精即眞陽之氣之母，眞陽之氣即眞陰之精之父。陰根陽，陽根陰，亦非有二，苟吾良知之說明，則凡若此類皆可以不言而喻。（註五〇）

萬象森然時，亦沖漠無朕，沖膜無朕，即萬象森然。沖漠無朕者，一之父；萬象森然者，精之母；一中有精，精中有一。（註五一）

太極生生之理，妙用無息，而常體不易，太極之生即陰陽之生生。就其生生之中，指其妙用無息者謂之動，謂之陽之生，非謂動而後生陽也。就其生生之中，指其常體不易者，而謂靜，謂之陰之生，非謂靜而後生陰也。若果靜而後生陰，動而後生陽，則是陰陽動靜，截然各自為一物矣。（註五二）

陽明在此實為本諸圓融統觀而立說，蓋體用一源則本體之虛寂澄然，正為沖漠無朕。然本體雖常體不易、沖漠無朕，然其盛德不已，卻可表現爲妙用無息之神，而於其流行不已處，則爲萬象森然。故就圓融統觀亦可看出，凝歛之眞陰之精，即發用之眞陽之氣之母；而創始性之眞陽之氣，則爲蘊聚之眞陰之精之父。這是在說明，凝歛之陰順承起妙用之陽神的生生之德而化生萬物。則萬物亦即由陰陽相資相成得其大生廣生也。其言雖分氣分精、分陰分陽與分動分靜，實則一時俱起亦非有二，此才有「一中有精，精中有一」之說也。故這種「太極生生之理」固是寓理帥氣的常體不易，然唯在即用即體、即體即用之妙用流行中才能統合陰陽動靜，有所謂沖漠無朕即萬象森然也。而這一切正都表現圓融統觀體用合一與動靜合一之思想特色。

三、心物合一與物我同體

在上述體用合一的體認之下，就萬物與理體及萬有彼此間的關係言，陽明更有物我同體和諧感通的心物合一說，此如：

> 目無體，以萬物之色爲體；耳無體，以萬物之聲爲體；鼻無體，以萬物之臭爲體；口無體，以萬物之味爲體；心無體，以天地萬物感應之是非爲體。（註五三）

可見萬有無定體可尋，萬有之體皆在其用之中。陽明之良知亦才可在是非感應中，生天生地而無所不化。就這一點言，陽明可說是以圓融統觀之和諧感通性來說明寂感眞幾的創化天道。此如：

> 天理原自寂然不動，原自感而遂通。（註五四）

日未嘗有心照物，而自無不照，無照無不照，原是日的本體。（註五五）

天地感而萬物化生，實理流行也。聖人感人心而天下和平，至誠發見也。皆所謂貞也。觀天地交感之理，聖人感人心之道，不過於一貞，而萬物生，天下和平焉，則天地萬物之情可見矣！（註五六）

這是說天地感而化生萬物，其寂其感皆是自然之貞，並非有心去爲，而是自然之照，自然感通。而唯其能無照無不照的感通，不僅目以萬物之色爲體以成其用，萬物也在這種感通之下得其化生，聖人於此可見天地萬物之情矣。對這種感通之道，陽明曾做多方面的發揮，如：

先生遊南鎭，一友指岩中花樹，問曰：天下無心外之物，如此花樹在深山中自開自落，於我心亦有何相關？先生曰：你未看此花時，此花與汝心同歸於寂，你來看此花開，則此花顏色一時明白起來，便知花不在你心外。（註五七）

後人對這段記載的解說雖有若干不同，但若以圓融統觀之意涵及陽明前言之「心無體，以天地萬物感應之是非爲體」來看，則可說陽明並不認爲外物是幻想或虛現的，至少人在看花時是一活生生的感應之知，否則萬物對人還有什麼意義？因此，我們可以看出陽明之言心外無物，並非以認知心去說明認識外物的道理，沒有主客能所之分，而是以一感應心態去順承點化萬物。故在感應契合中，人與外物的關係並不限於純認識心，而可以另外一種物我同體的洞觀與萬物相對待。所以陽明才又說：

你只在感應之幾上看，豈但禽獸草木，雖天地也與我同體的，鬼神也與我同體的。（註五八）

我的靈明，便是天地鬼神的主宰。天沒有我的靈明，誰去仰他高？地沒有我的靈明，誰去俯他深？鬼神沒有我的靈明，誰去辨他吉凶災祥？天地鬼神萬物離卻我的靈明，便沒有天地鬼神萬物了。我的靈明離卻天地鬼神萬物，亦沒有我的靈明。如此便是一氣流通的，如何與他間隔得？（註五九）

蓋天地萬物與人原是一體，其發竅之最精處，是人心一點靈明。風雨露雷，日月星辰，禽獸草木，山川土石，與人原只一體。（註六〇）

陽明此處從良知之感應說萬物一體，與程明道從仁心之感通說萬物一體，是完全相同的。蔡仁厚指出這個意義上的「感應」、「感通」，不是「感性中之接受或被影響，亦不是心理學中之刺激與反應，乃是即寂即感，神感神應之超越的、創生的、如如實現之感應。」（註六一）。所以正如圓融統觀之意涵所言，在我人生命中，若無物欲爲障，人我物己皆無執情，生命情操得其清通和暢時，則一切萬有必然都與我們心意相流通與感應，故萬物雖雜然並處，卻因彼此相關涉無內外心物可分，且因都是本體至眞的顯現，不僅理事無礙更能事事無礙。吾人唯澈知此理時，方能運用妙潤不測之神，使心之靈明之知，與其所接觸流通的天地萬物之變化同其無方。這樣一來，天地萬物之生成變化即可在心之同生同成同體之和諧感通中，無內外物我之隔，共享理想生命之美，有仁者至樂之感。所以，陽明才說：

樂是心之本體，仁人之心，以天地萬物爲一體。訢合和暢，原無間隔。（註六二）

良知是造化的精靈。……人若復得他完完全全，無少虧欠，自不覺手舞足蹈，不知天地間更有何樂可代？（註六三）

四、人心道心合一與知行合一

就圓融統觀言，人道天道本是一體，即人即道，道與人之間本無絲毫間隔，進而更有人能弘道，人能參贊化育之說。但此處與道不隔之人，亦有其必備之條件，方能弘道。即人唯反己內證，悟天理內在本心，知天德在己，能以其心之純於義理，時時涵養操持，踐履無窮，才可實現天地之道於己身。此時，不但天道可明，人道亦有堅實確然之基礎與具體可行之方，而能展現隨感而應萬物一體之洞觀。因此陽明乃言：

……蓋其心學純明，而以全其萬物一體之仁，故其精神流貫，志氣通達，而無有乎人已之分，物我之間。（註六四）

愛問：盡心知性何以為生知安行？先生曰：性是心之體，天是性之原，盡心即是盡性。惟天下至誠為能盡其性，知天地之化育。……知天如知州知縣之知，是自己分上事，已與天為一。（註六五）

可見陽明哲學最為人稱道處，並不在妙論宇宙天地創化的玄理，而是在講求如何使人能夠「心學純明」，使人在自己性分上站立腳跟，然後再求「精神流貫」盡心盡性，以「全其萬物一體之仁」。

所以，陽明一生講學，無論從最先所揭示的「心即理」再由倡言「知行合一」到「致良知」，都是以良知之是是非非實際做存天理去人欲的道德踐履。目的都在於操持推擴一己所本有之良知，洗滌私欲，存誠務實於「自己分上事」。如此，自然是盡心盡性「已與天爲一」了。這是道德學與形上學的圓融統會，也是形上形下的眞正貫通。陽明乃云：

先天而天弗違，天即良知也；後天而奉天時，良知即天也。（註六六）

心之德本無不明也，故謂之明德。有時而不明者，蔽於私也。去其私，無不明矣！日之出地，日自出也，天無與焉！君子之明明德，自明之也，人無所與焉！自昭也者，自去其私欲之蔽而已。（註六七）

知是理之靈處，……只是這個靈能不爲私欲遮隔，充拓得盡，便完全是他本體，便與天地合德。（註六八）

可見在道德修養上，陽明認爲必須在心地上做工夫，恢復本然的明德，使一了百了。於是陽明有「聖人之道，吾性自足」之悟，也有就現實生命活動做「事上磨鍊」之論，最後是希望能上達人欲淨盡、天理流行之境。而這種境界與陽明心即理、知行合一、致良知等修行工夫之教也表現出圓融統觀即本體即工夫的特性，此如陽明自己所說之：

功夫不離本體，本體原無內外，……功夫不要有內外，乃是本體功夫。（註六九）

良知不由見聞而有，而見聞莫非良知之用，故良知不滯於見聞，而亦不能離於見聞。（註七〇）

蓋陽明之論修行是在現實生命實下工夫，故良知能否得致，端看能否在我人日常生活中呈顯起作用。能起作用，則見聞皆爲良知之用，此爲修行工夫之落實，然這時之「見聞」乃被點化成天道性體之流行，故無論知行合一或致良知都是一種「本體工夫」。就此點而言，我人可知昭明靈覺之良知，當其知善知惡、知是知非，必然同時表現爲：是是非非、好善惡惡，以貫徹于爲善去惡之具體行爲中，故良知天理當其不離於見聞時，即貫澈於見聞時，非於見聞之外，可尋得良知天理之自體或本身。唐君毅稱此爲「良知天理之即體即用義」（註七一）。正因爲如此，陽明哲學乃處處表現出圓融統會觀點之特色，有知行並進，由行之踐致以論其良知天理合一本體之說，此如：

……未有知而不行者，知而不行只是未知聖賢教人知行正是安復那本體。（註七二）

知行功夫，本不可離，只爲後世學者分作兩截用功，失卻知行本體，故有合一並進之說。（註七三）

良知明白，隨你去靜處體悟也好，隨你去事上磨鍊也好，良知本體，原是無動靜的。此便是學問頭腦。我這個話題，自滁州到今，亦較過幾番，只是致良知三字無病，醫經折肱，方能察人病理。（註七四）

誠字有以工夫說者，誠是心之本體，求復其本體，便是思誠的工夫。（註七五）

五、明德親民合一

陽明前所言內外一貫、知行一致與體用一如之論，實可稱爲精義入神，以致用；利用安身，以崇德，眞正合內外之道也。而透過這種知行並進、合內外之道的實致良知以明明德，不僅個人的安身立命之道得以確立，更可以因發揮圓融統觀和諧感通之特性，以同情治化之心念，感知萬物一體，而有參贊化育的親民仁行，此爲明德親民之合一，亦爲儒家推崇內聖外王之道之實現。此如陽明所言之：

正心，復其體也；修身著其用也；以言乎己，謂之明德；以言乎人，謂之親民；以言乎天地之間則備矣！（註七六）

明德，是此心之德，即是仁。仁者，以天地萬物爲一體。使有一物失所，便是吾仁有未盡處。（註七七）

而明德親民合一實係由良知之感應以悟萬物一體所得者，故陽明特本諸良知之教又說：

良知之在人心，無間聖賢，天下古今之所同也。世之君子，惟務致其良知，則自能公是非，同好惡，視人猶己，視國猶家……視民之飢溺己爲之飢溺，而一夫之不獲，若己推而納諸溝中者，非故爲是而以蘄天下之信己也，務致其良知，求自慊而已矣。（註七八）

夫人者，天地之心。天地萬物本吾一體者也。生民之困苦荼毒，孰非疾痛之於吾身者乎？不知吾身之疾痛，無是非之心者也。是非之心，不慮而知，不學而能，所謂良知也。（註七九）

此處所謂良知是非之感應以悟萬物一體，並無玄妙之意，仍只是實致良知於「自慊」境界也，亦只是由「誠」所達到的廓然大公而已。故知萬物一體、明德親民乃由致良知盡去私念執著後，所展現的廓然大公而與天地萬物相感通者也。由此可說，只要吾人有誠篤確實之修養實踐工夫，在現實生命活動中滿心而發皆良知之誠，能幫助萬物各得其所、各遂其生，則天理必在吾心。陽明「心即理」說之所以爲「即活動即存有」、「即主觀即客觀」其義正在於此。對這一點，陽明說過：

以此純乎天理之心，發之事父便是孝，發之事君便是忠，發之交友治民，便是信與仁。（註八〇）

誠之無所爲也，誠之不容已也，誠之不可掩也。君子所學，亦何以異於是。是故以事其親，則誠孝爾矣；以事其兄，則誠弟爾矣；以事其君，則誠忠爾矣；以交其友，則誠信爾矣。是故蘊之爲德行矣，發之爲文章矣，措之爲事業矣。（註八一）

可見當人能夠滿心而發皆爲天理時，必有具體之德行，無論是忠、孝、信、仁都是至誠良知的明德朗現。即以最廣義的良知推擴言，與天地萬物爲一體之「誠」，也必然有措之爲事業的具體親民事功。這樣一來，「以一身來說，則正心爲體，修身爲用；以天下來說，則明德爲體，親民爲用。」（註八二）。在這種體用相涵、和諧感通的精神之下，正心修身、格物致知、致良知明明德與明德親民乃爲渾然一體可一以貫之。因此，陽明才會說：

親民猶孟子親親仁民之謂，親之即仁之也。百姓不親，舜使契爲司徒，敬敷五教，所以親之也。堯典克明峻德，便是明明德；以親九族，至平章協和，便是親民，便是明明德於天下。又如孔子言修己以安百姓，修己，便是明明德；安百姓，便是親民。（註八三）

明明德者，立其天地萬物一體之體也。親民者，達其天地萬物一體之用也。故明明德必在於親民，而親民乃所以明明德也。（註八四）

總之，陽明哲學之精義，在其不僅妙論宇宙生化之無體與神用，與由講述萬有之相關涉相感通，啓發萬物同體之契機，更能指點人貴在反己內證，由致良知之知行合一，知天德在己。庶幾乎能使人心之純於義理，時時在日用常行中涵養操持、踐履無窮，而實現天地之道於己身，則人道成，進而能親民愛民成其德業。故陽明哲學由致良知體天道，以全人道，貫通形上形下，合天地之德，達於至善之境，全然表現出圓融統觀之理想。陽明自己也才說：

聖人之學，無人己，無內外，一天地。（註八五）

……然後知天下之事，雖千變萬化，而皆不出於此心之一理，然後知殊途而同歸，百慮而一致。（註八六）

於是張永儁亦說陽明哲學在中國哲學的發展上，特別表現出五項意義，即：「一、強調了中國哲學中的『內在和諧性』。二、充分表達了宇宙的『主體創造性』與『目的性』。三、滿足了中國哲學中『兩極涵容性』的要求而達成『二元統一』的目標。四、切實的提供了『人格超越性之追求』的簡易明瞭之方法途徑。五、完成了宋明理學世俗化、平民化的過程；融入於中國人心之中，渾然透顯出一種亦宗教，亦哲學的境界。」（註八七）。此所引述對陽明哲學的價值有甚精當之論析，然亦可看出所論實可歸於陽明哲學之具圓融統觀之意涵。因此，我們可以確知陽明哲學實憑藉圓融統觀出發以成其體大精深之思想體系，並徹底展現出圓融統觀之思想特色與理想。

【附註】

註　一　Ricard S. Rudner, Philosophy of Social Science (New Jersey: Prentice-Hall, 1966), P.10.

註　二　Alan C. Isaak, Scope and Methods of Political Science (Dorsey Press, 1969), P.182.

註　三　王陽明，「與夏敦夫」，陽明全書，前揭書，卷五，頁二上。

註　四　王陽明，「傳習錄」，陽明全書，前揭書，卷三，頁一〇下。

註　五　同上註，卷二，頁六至七。

註　六　王陽明，「與楊仕鳴」，陽明全書，前揭書，卷五，頁五至六。

註　七　王陽明，「禮記纂言序」，陽明全書，前揭書，卷七，頁一三上。

註　八　王陽明，「稽山書院尊經閣記」，陽明全書，前揭書，卷七，頁二〇下。

註　九　牟宗三，心體與性體，台修一版（台北：正中書局，民國五十九年，第二冊，頁一八。

註一〇　唐君毅，中國哲學原論——導論篇，台初版（台北：台灣學生書局，民國六十七年），頁五〇。

註一一　梁兆康，「陽明學說體系新探」，復興崗學報，第十六期，民國六十六年一月，頁二。

註一二　陳來，有無之境—王陽明哲學的精神，前揭書，頁三至四。

註一三　方東美著，孫智燊譯，「中國形上學中之宇宙與個人」，生生之德，初版（台北：黎明文化事業公司，民國六十八年），頁二八三。

註一四　熊十力，新唯識論，台景印一版（台北：河洛圖書出版社，民國六十三年），頁四五。

註一五　唐君毅，哲學概論，台初版（台北：台灣學生書局，民國六十三年），頁一〇三四。

註一六　同註九，頁三六。

註一七　牟宗三，心體與性體，前揭書，第一冊，頁四六六。

註一八　B. S. Rajneesb, From Ego to the Inner Guid, Sannyas, NO.1, 1976, P.17.

註一九　參閱方東美，華嚴宗哲學，初版（台北：黎明文化事業公司，民國七十年），下冊，頁二九七。

註二〇　Cal G. Jung, Tr. by R. F. C. Full, Two Essays on Analytical Psychology (New York: World Company, 1956) , P.206.

註二一　熊十力，讀經示要，初版（台北：樂天出版社，民國六十二年），卷一，頁八一。

註二二　方東美，「生命悲劇之二重奏」，生生之德，前揭書，頁一〇二。

註二三　引自上書，頁二五九。

註二四　同上註，頁二五九至二六〇。

註二五　同註一九，頁三四四。

註二六　李澤厚，中國古代思想史論叢，初版（台北：風雲出版公司，民國七十九年），頁二二。

註二七　同註一四，頁五六。

註二八　同註二一，頁一三。
註二九　同註一三，頁二九一。
註三〇　同上註，頁二八四。
註三一　同註九。
註三二　同註一九，上冊，頁一六〇。
註三三　同註四，卷一，頁一二下。
註三四　同上註，卷二，頁二八下。
註三五　同上註，卷三，頁三至四。
註三六　同上註，卷二，頁三四上。
註三七　同上註，卷三，頁一二上。
註三八　同上註，卷一，頁二三上。
註三九　同上註，卷一，頁二八下。
註四〇　同上註，卷三，頁一一上。
註四一　同上註，卷三，頁四上。
註四二　同上註，卷三，頁一六上。
。
註四三　同上註，卷一，頁二四上。

註四四 王陽明，「答汪石潭內翰」，陽明全書，前揭書，卷四，頁三上。
註四五 同註四，卷二，頁一八下。
註四六 同上註，卷三，頁一五下。
註四七 同上註，卷三，頁一三下。
註四八 同上註，頁一三上。
註四九 同上註，卷一，頁一五下。
註五〇 同上註，卷二，頁一八上。
註五一 同上註，卷一，頁一九上。
註五二 同上註，卷二，頁一九下。
註五三 同上註，卷三，頁一四下。
註五四 同上註，卷二，頁一五上。
註五五 同上註，卷三，頁一五下。
註五六 王陽明，「五經億說十三條」，陽明全書，前揭書，卷二十六，頁八至九。
註五七 同註四，卷三，頁一四下。
註五八 同上註，卷三，頁二六下。
註五九 同上註，卷三，頁二六至二七。

註六〇　同上註，卷三，頁一四上。
註六一　蔡仁厚，王陽明哲學，前揭書，頁二五。
註六二　王陽明，「與王勉之」，陽明全書，卷五，頁一一下。
註六三　同註四，卷三，頁一二上。
註六四　同上註，卷二，頁一二下。
註六五　同上註，卷二，頁四上。
註六六　同上註，卷三，頁一六下。
註六七　同註五六，頁一〇上。
註六八　同註四，卷一，頁二六上。
註六九　同上註，卷三，頁三上。
註七〇　同上註，卷二，頁二四下。
註七一　參閱唐君毅，中國哲學原論原教篇，前揭書，頁三〇七至三一二。
註七二　同註四，卷一，頁三下。
註七三　同上註，卷二，頁三上。
註七四　同上註，卷三，頁一二下。
註七五　同上註，卷一，頁二七上。

註七六　王陽明，「大學古本序」，陽明全書，前揭書，卷七，頁一二下。
註七七　同註四，卷一，頁一九下。
註七八　同上註，卷二，頁三〇下。
註七九　同上註。
註八〇　同上註，卷一，頁二下。
註八一　王陽明，「南崗說」，陽明全書，前揭書，卷二四，頁三上。
註八二　鍾彩鈞，王陽明思想之進展，前揭書，頁六九。
註八三　同註四，卷一，頁二上。
註八四　王陽明，「大學問」，陽明全書，前揭書，卷二十六，頁二下。
註八五　王陽明，「重修山陰縣學記」，陽明全書，前揭書，卷七，頁二三上。
註八六　王陽明，「博約說」，陽明全書，前揭書，卷七，頁二九下。
註八七　張永儁，「陽明先生的『知行合一』說」，革命哲學，前揭書，頁一四七。

第三章　陽明心即理說之圓融統觀

第一節　陽明心即理思想之緣由

自宋儒倡導復興儒學以來，大致可分為心學與理學二宗，此可以明道學與伊川學為代表，後又演變為朱陸之異同。心學與理學皆本於儒家思想傳統，故二者所追求的目標，都是在求理想人格與理想政治社會的實現，亦即都是希望能藉由「內聖」以達「外王」之效。但是，就同是「受天地之中以生」，能繼善成性，成為宇宙價值創造主體的人而言，對「如何內聖」這一問題，二者卻有不同的爭議，有所謂「尊德性」、「道問學」與「察識」、「涵養」孰先孰後之爭。心學一宗認為，成聖之主要憑藉，在人人本有之善心，若能直接悟識此一善心，再操持推擴於日用常行，即是內聖通外王之道。理學則認為人心之發用，立刻會與情欲氣稟所夾雜，因此先要有一套嚴格誠敬的「居敬窮理」工夫，遵守「涵養先用敬，進學在致知」的為學秩序，才能「去人欲，存天理」成一聖者。

以陽明而言，年譜二十一歲條所記取竹格之之事，即證明陽明當時也認為做聖賢要居敬窮理要格天下之物。根據朱子所言：「太極只是天地萬物之理。在天地言，則天地中有太極。在萬物言，則萬物中各有太極。」（朱子語類卷一第一節），則是說窮究萬物之後，即可明白天地萬物之理。陽明既曾「偏求考亭遺書讀之」，當亦曾思由格物以明天地萬物之理。故取竹格之，即欲從依循所謂「一草一木，皆涵至理」中，以格竹代替格天下之物而追尋出「至理」。可是外在之竹與成聖賢之道，並無直接通會處，這一度使陽明「沈思其理不得」而「勞思致疾」。年譜二十七歲又記：「一日讀晦翁上宋光宗疏，有曰：『居敬持志，爲讀書之本；循序至精，爲讀書之法。』乃悔前日探討雖博，而未嘗循序以致精，宜無所得。又循其序，思得漸漬洽浹，然物理吾心，終若判而爲二也。」這表示，陽明亦一度遵行朱子所言，依大學、論語、孟子、中庸的次序，去體會聖賢的規模、根本、發越、微妙等道理，希望能把這些道理體會得精通習透，使聖賢之意皆若出於吾心，有「漸漬洽浹」之效。可是書本上的聖賢之道即使再精通習透，仍是外在的一套知識，我人並不一定即能成聖，陽明於此亦不得不嘆爲「物理吾心，終若判而爲二」，進而「益委聖賢有分」。這些都是陽明早年依朱子之教求學所遭遇的困惑，這些困惑日後則促使他轉而有心理合一之體悟，與理學所論遂終生不契。晚年所言：「先儒解格物爲格天下之物。天下之物，如何格得？且謂一草一木亦皆有理，今如何去格？縱格得草木來，如何反來誠得自家意？」（註一）正可代表其一生求學的經歷與所得。

年譜三十七歲條記云：「龍場在貴州西北萬山叢棘中。蛇虺魍魎蠱毒瘴癘與居，夷人鴂舌難語。可通語者，皆中土亡命。舊無居，始教之範土架木以居。時瑾憾未已。自計得失榮辱皆能超脫，惟生死一念，尚覺未化。乃爲石槨自誓曰：吾惟俟命而已。日夜端居澄默，以求靜一。久之，胸中灑灑，而從者皆病。自析薪取水，作糜飼之。又恐其懷抑鬱，則與歌詩。又不悅，復調越曲，雜以詼笑，始能忘其為疾病夷狄患難也。因念聖人處此，更有何道？忽中夜大悟格物致知之旨，寤寐中若有人語之者，不覺呼躍，從者皆驚。始知聖人之道，吾性自足。向之求理于事物者誤也。乃以默記五經之言證之，莫不脗合。」由此可知陽明尋至道求聖學的成就，可說是患難中所得，而其中龍場之悟為其關鍵。蓋龍場為一絕境，不為一己私利謀的陽明雖「自計得失榮辱皆能超脫」，生死關實未戡破，只好「俟命而已」。其後，陽明一方面「端居澄默」，一方面以洒脫之情，照顧從者，才使陽明在功名富貴，得失榮辱皆無所動心之後，眞正體悟出生命眞幾。這種無人我、無得失之中所印證者，才為人生宇宙之大本，亦即生命之眞幾，故而由之證知「聖人之道，吾性自足」。牟宗三對陽明龍場之悟亦稱為：「人到絕途，方能重生。必現實的一切，都被敲碎，一無所有，然後『海底湧紅輪』，一個『普遍的精神實體』始澈底呈現。」（註二）

陽明龍場之悟是其日後論學之本，有所謂「不出此意」，然當時僅提「心即理」，至於「心」為何指？則並未明言是良知，只是隱含良知而「點此二字不出」。換言之，龍場之悟的內容應該是，陽明發現人不僅能為聖，且內在地具備成聖的方法，聖人是具體目標，是心靈狀態，是超越自我而又為內在的（註三），此還未發展到致良知那種理論成熟的階段。然就陽明「心即理」思想之形成言，龍場是促使陽明能悟的現實機緣，而朱子即物窮理則為激發陽明思想的一大助緣。總之，龍場之悟使陽明相信聖人之道須就心地上言，是為求理於心，「吾性自足」者也；而窮理於物，是為向之誤也。陽明晚年居越時有「次謙之韻」一詩，所云：「須從根本求生死，莫向支流辨濁清。久奈世儒橫臆說，競搜物理外人情。」（註四），正此之謂。所以，陽明心即理說，係深受朱子啓發刺激所成者，對朱子所言亦曾有不契於心的評論，例如：

朱子所謂格物云者，在即物而窮其理也。即物窮理是就事事物物上求其所謂定理者也，是以吾心而求理於事事物物之中，析心與理而爲二矣。夫求理於事事物物者，如求孝之理於其親之謂也，求孝之理於其親，則孝之理其果在於吾之心邪，抑果在於親之身邪。假而果在於親之身，則親沒之後，吾心遂無孝之理歟？見孺子之入井，必有惻隱之心，是惻隱之理，果在於孺子之身歟？抑在於吾心之良知歟？其或不可以從之於井歟？其或可以手而援之歟？是皆所謂理也。是果在於孺子之身歟？抑果出於吾心之良知歟？以是例之，萬事萬物之理，莫不皆然，是可以知析心與理爲二之非矣。夫析心與理而爲二，此告子義外之說，孟子之所深闢也。（註五）

由是可知，陽明之倡「心即理」說，是唯恐世人求理於心外。然此處之評朱子，係以朱子析心與理爲二；其實，此評論似屬過偏，朱子又何嘗認定理全在心外。例如，或問：「格物須合內外始得？」朱子即曾答稱：「他內外未嘗不合。」蓋朱子以爲「心具衆理」，當然物理亦在心中，並未說理全在心外。眞正的差別在於，朱子以爲性即理，是以在物爲理，在人爲性，而天下之事物莫不爲理所貫，所以向外界去窮理並無不可。因爲其尚有涵養識察的內在修持工夫，可以當幾而窮理，並求其盡性，因此內外並進不偏廢。夫求於外界的窮理格物爲內在察識工夫所攝，則窮理不再是單純的求知於外事外物，而已配合涵養用敬的心性修養（註六）。此亦正如朱子所說：「學者工夫，唯在居敬窮理二事，此二事互相發，能窮理則居敬工夫日益進，能居敬則窮理工夫日益密。」（朱子語類卷九）。所以超越而遍在的理，對人而言，是既在內爲主觀亦在外爲客觀的，而一切修持也就都是歸向於天理之本身。所以，朱子存養主敬之說，是要使原具于心之超越而內在之性理，得呈現之幾。而致知格物之義，則爲求知外在之物理，以明內在之性理。唐君毅乃說：「既知理而更以此所知之理，爲省察之所據，而省察即所以誠意。故致知格物只是省察之前事。言省察，則先有致知格物之工夫在。」（註七），此乃程門心要，而爲朱子所承繼光大者，皆以存養與識察並重，歸於非非惡惡之克治工夫。

若就心與理的關係而言，我人更可將朱子與陽明的看法再作下述之對勘，以凸顯朱子對陽明形成其心即理思想的刺激與影響：

首先，朱子雖極其稱述心與理關係的密切，但終究認爲心與理是有確切界限，二者不得混同。此如朱子所說之：

性即理也，在心喚做性，在事喚做理。（朱子語類卷五）

性猶太極也，心猶陰陽也。太極只在陰陽之中，非能離陰陽也。然至論，太極自是太極，陰陽自是陰陽。惟性與心亦然。（同上）

性便是心之所有之理，心便是理之所會之地。（同上）

性是理，心是包含該載敷施發用底。（同上）

這表示朱子心目中的心與理，猶如其所謂之理氣，二者雖關係密切似不可離，然究實言，心與理之分猶如太極與陰陽之分，有清楚的界限。故性是心之理，心只是包含承載理之氣，只是理發用之具。朱子乃又說：

所知覺者是理，理不離知覺，知覺不離理。（同上）

動處是心，動底是性。（同上）

所覺者，心之理也；能覺者，氣之靈也。

心者，氣之精爽。（同上）

靈處只是心，不是性。性只是理。（同上）

靈底是心，實底是性。（語類卷十六）

這些說明都表示朱子雖承認心與理關係密不可分，然理到底是所知覺者，是「實」；而心則是能知覺者，是氣，心不能是理其意明矣。陽明對此是不能接受的，並認爲這種說法將導生心理爲二的缺失，陽明說：

或問晦菴先生曰：人之所以爲學者，心與理而已。此語如何？曰：心即性，性即理，下一與字，恐未免爲二，此在學者善觀之。（註八）

至於陽明本人的主張，當然就是心理爲一了，所謂心理爲一，不但強調理的超越性，也強調心的道德創生性，由之而透顯出圓融統觀即活動即存有、即用即體之即主觀即客觀之意涵，故而提出「此心無私欲之蔽即是天理」之心即理說。

其次，朱子與陽明對心理關係看法之不同，關鍵在於二人對「理」的解說不同。朱子承程子「在物爲理」之教，故其所謂的物，包含宇宙人生的一切存在，這樣一來，自然物界的規律，人文化成之道、宇宙形而上之理都是理的範圍，都是格致的對象。在這種理論基礎上，當然就會以心爲能覺者，視心爲一種認識能力，而理才是所以然的認識對象了。可是由於宋明理學主要發揮的旨趣還是在道德實踐，程朱也並未就「在物爲理」，開出純粹的知識論或自然科學，反而因「處物爲義」，使朱子有精義之說：

所謂義者，宜而已矣。物之有宜有不宜，事之有可有不可，吾心處之，知其各有定分而不可易，所謂義也。精義者，精諸此而已矣。所謂精云者，猶曰察之云爾。精之至，而入於神，則於事物所宜，毫釐委曲之間，無所不悉，有不可容言之妙矣。此所以致用而用無不利也。（朱子大全卷三十八答江元適）

這表示朱子的窮理精義，一方面是要明乎「物之有宜有不宜，事之有可有不可」，一方面使「吾心處之，知其各有定分而不可易」，則能因「處物爲義」而「用無不利也」。故朱子之分心分理與謂心能知理，仍以道德實踐爲前提。但是，以陽明來說，陽明所謂之「物」只是意之所在的「人事」，故就人事之當否言，只能求諸我人的道德之理。故陽明心目中的理是道德之理，而這種道德之理，不能就認識關係去分析，更不可以心理爲相對者，分心理爲二。故陽明論心無私欲即是天理時，是指此心爲道德的心，既是道德的心，就能自動自發的踐致道德之理。於是，陽明才能說「心外無事，心外無理」，此仍是說道德之理不能外求，只要反諸道德之心即可。至於事物應然之理，亦只是道德之心的發用，這就是陽明心即理說。

由上可知，朱子與陽明最大不同者，是朱子之以敬爲心之貞，而心只是氣之靈，此如朱子所謂：「心者，氣之精爽」「能覺者，氣之靈也」（朱子語類卷五）。此即指心之虛靈明覺即心氣之靈明的氣化流行，故人心之受氣要依於天命，由此而其心雖能覺察知理且具理，然心之地位仍是天命流行之下一層面，故理對人之氣與心言，乃顯出一超越義，因而朱子才有理先氣後之說。此中之眞正問題，在朱子偏於即氣之靈以論心，未能重視即心之理與道以言心，遂未能同時重此心之超越義，以貫通於具超越義之天道天理，進以闡明人之心，與天命天道之直接相貫（註九）。而朱子以爲，人唯有在敬時才會使天理呈露，而心不是性亦不是理，性與理化成形而上的超越與普遍。因此，朱子所言一切工夫，乃分成爲知理與踐理二者。陽明即因不滿朱子的析心理爲二，發揮圓融統觀攝理歸心，其後終而開出「致良知」說。若以「致良知」說來看「心即理」，則可知陽明指出人心之所以能敬，必有其根本圓成處，是而由心即理點出人人具足，個個完備的本心良知。故以孝悌而言，孝悌之理不存於父兄而在乎一己之本心良知，而此孝悌之理表現於行爲時，即已涵攝了父兄。而其他德行亦皆如此，蓋行爲都可溯及於心中，由是乃說，良知與天理相融爲一，良知之發充其極時，心與理二者是頓時俱現，同時呈露的，此即陽明之「心即理」。

這一義理，在宋儒陸象山言本心時，已可見其端倪了。陸象山在「與李宰書」中就曾說過：「天之所以與我者，即此心也。人皆有是心，心皆具是理，心即理也。」蓋象山思想的重心，在鑑於當時一般人之汩沒於功利，認爲不從心性上做根本的明心見性的工夫，則終不能去弊起痾，仍淪爲無根之學。所以象山嘗言爲學要先立其大者，此「大者」即指人之求學以安身立命，除一己心性上之覺悟外別無其他工夫。至於人之杜撰立說，自以爲成一家之言，若不能與生命價値相關聯，在象山看來皆是枝節末端。所以象山乃說：「某日與兄談話，從天而下，從肝肺中流出，是自家有底物事，……古之學者爲己，所以自昭明德，今之學者只用心於枝葉，孟子盡其心者知其性，知其性則知天矣。心只是一個心，某之心，吾友之心，上而千百載聖賢之心，下而千百載復有一聖賢，其心亦只如此。心之體甚大，若能盡我之心，便與天同。爲學只是理會心。」（註一〇）。由是可知象山之學，不外欲就學者當下所自能承當者，直接點出，而視爲根本之工夫。因此把朱子所言一切複雜的義理與修行工夫，都含聚在一簡易直截的工夫，以一心之發，當惻隱時自惻隱，當羞惡時自羞惡，以自作主宰。因而象山肯定人心之自覺自悟，自然興發以自拔於物欲之上，顯出本心與天理之不二。是以無天理能外在於本心，而人心之自然流露，自然踐致，亦即天理所在，故天地萬物森然畢備於此一心內，若說天理有其超越義，則人心亦同其尊貴，同其超越矣。此即陸學之眞精神，而對王陽明有直接且深刻的影響。

因此，陽明四十九歲在序象山文集時，有云：

聖人之學，心學也。堯舜禹之相授受曰：『人心惟危，道心惟微，惟精惟一，允執厥中。』此心學之源也。中也者，道心之謂也；道心精一之謂仁，所謂中也。孔孟之學，惟務求仁，蓋精一之傳也。而當時之弊，固已有外求之者，故子貢致疑於多學而識而以博施濟眾爲仁，夫子告之以一貫，而教以能近取譬，蓋使之求諸其心也。迨於孟氏之時，墨氏之言仁，至於摩頂放踵；而告子之徒，又有仁內義外之說，心學大壞；孟子闢義外之說，而曰：『仁，人心也；學問之道無他，求其放心而已矣。』又曰：『仁義禮智，非由外鑠我也，我固有之弗思耳矣。』蓋王道息而伯術行，功利之徒，外假天理之近似，以濟其私，而以欺於人，曰：『天理固如是』，不知既無其心矣，而尚何有所謂天理者乎？自是而後，析心與理而爲二，而精一之學亡；世儒之支離外索於刑名器數之末，以求明其所謂物理者，而不知吾心即物理，初無假於外也……自是而後有象山陸氏，雖其純粹和平，若不逮於二子；而簡易直截，眞有以接孟子之傳；……而要其學之必求諸心，則一而已。（註一一）

由是可知，陽明「心即理」之說，雖是儒家正傳，但直接影響啓發者，除孟子之良知四端與朱子即物窮理說之外，則爲宋儒陸象山，而後才由陽明發皇光大者。

第二節　心外無物與心外無理之眞義

初聞陽明「心即理」說者，常因未能深究其義理，對所謂心外無理有不少疑惑，如陽明弟子徐愛就曾說：「愛始聞而駭，既而疑，已而殫精竭思參互錯縱，以質於先生。」（註一二）以及：「愛因舊說汨沒，始聞先生之教，實是駭愕不定，無入頭處。」（註一三）。可見一般習於朱子講學者，對陽明所謂「聖人之道，吾性自足」之心外無理說是一時之間難於接受的，因爲吾人之心與天下萬物不同，只在心中追求天理至善，如何能明曉天下萬物之事理？如果不能，則又如何能說「吾性自足」？

要明白陽明心外無理，先要說明心外無物、心外無事。因爲，若照朱子格物說之「物」，係從「心之爲物」到「天地之運、古今之變」、「一塵一微、一息之頃」都包括在內，則心外當然有物，必須即物窮理，又怎能心外無理？可是，陽明卻因視其格物之「物」爲「事」，而有「心外無物」、「心外無事」說，此如：

愛昨曉思，格物的物字即是事字，皆從心上說。先生曰：然。……意之所在便是物。如意在於事親，即事親便是一物；意在於事君，即事君便是一物；意在於仁民愛物，即仁民愛物便是一物；意在於視聽言動，即視聽言動便是一物。所以某說無心外之理，無心外之物。（註一四）

心外無物，如吾心發一念孝親，即孝親便是物。（註一五）

問：身之主爲心，心之靈明是知，知之發動是意，意之所著爲物，是如此否？先生曰：亦是。（註一六）

物是意念所發，而有此意念必有具體行爲之事與其相應，故物即事、事即物，二者皆可「從心上說」。可見心外無物之關鍵在「意」，蓋心之所發是意，意之所著是物，知是意之體，物乃意之用，這樣才能說「心外無物」。質言之，我人任何活動云爲皆依心意起用也，正所謂「在物爲理，處物爲義，在性爲善。因其處而異其名，而皆吾之心地也。」故有孝親事君之心念，才實際有孝親事君之事，這表示孝親事君仁民愛物之事原起於心，所以可說心外無物。陽明此處是把意念與意念所發所涉及之行爲（事物）統一於道德意涵之中，就此而言朱子似亦不反對。例如，朱子曾說：「是這個心，便有這個事，那有一事不是心裡做出來底。」「今看世上萬物，都只是這一個心。」（朱子新學案第二冊十五頁）這與陽明所說非常類似。但是，持朱子說者對道德行爲之外的「理」，是否還能說心外無事、心外無理，則出現疑惑，此如：

愛問：至善只求諸心，恐於天下事理，有不能盡。先生曰：心即理也。天下又有心外之事，心外之理乎。愛曰：如事父之孝，事君之忠，交友之信，治民之仁，其間有許多理在，恐亦不可不察。先生嘆曰：此說之蔽久矣，豈一語所能悟，今姑就所問者言之。且如事父不成，去父上求個孝的理？事君不成，去君上求個忠的理？交友治民不成，去友上民上求個信與仁的理？都只在此心，心即理也，此心無私欲之蔽，即是天理，不須外面添一分，以此純乎天理之心，發之事父便是孝，發之事君便是忠，發之交友治民便是信與仁，只在此心去人欲存天理上用功便是。（註一七）

鄭朝朔問：至善亦須有從事物上求者。先生曰：至善只是此心純乎天理之極便是，更於事物上怎生求？且試說幾件看。朝朔曰：且如事親，如何而爲溫凊之節，如何而爲奉養之宜，須求個是當，方是至善。所以有學問思辯之功。先生曰：若只是溫凊之節，奉養之宜，可一日二日講之而盡，用得甚學問思辯。惟於溫凊時，也只要此心純乎天理之極，奉養時，也只要此心純乎天理之極。此則非有學問思辯之功，將不免於毫釐千里之繆，所以雖在聖人，猶如精一之訓。若只是那些儀節求得是當，便謂至善，即如今扮戲子扮得溫凊奉養的儀節是當，亦可謂之至善矣？（註一八）

陽明說心外無理，並不是盡廢了講求，或否認外在物理之重要，更不是妄稱理由心造，或在現實生活中否認有溫凊奉養之道。陽明之意，仍是指認唯有具備純是天理的本心，自然會眞誠的去求其溫與清的道理，而有純亦不已的德行，這才是講求的頭腦處。故純是天理的良知本心是一切的根本，至於如何忠、孝，或如何溫凊奉養只是些條件，而從未見僅具備條件就算眞能忠、孝、仁的，必然要有其誠心也。如以演戲爲例，扮戲子者即令把溫情儀節表演得當，亦終是演戲而已，不是至善。當然，若只有欲忠、欲孝、欲信、欲仁之心，而無實際之行爲，或在行爲之中，不知忠、孝、信、仁之正確道理，則此心並不算圓滿。然人只要有此眞誠心，必然會隨緣去求一恰當合理的表達的方式，否則此心亦不是眞的誠心。所以，講求道理的最後歸宿仍在心上，因此，陽明才有心外無理之說。

再者，陽明所謂心外無理，甚或指包括人現實生命之富貴患難等際遇及內在的喜怒哀樂情感都可在心中求其平正之道。如果有人以爲外在現實際遇與人心無關，或情感意念未表現於外時並不可以視之爲心外無理，陽明則答稱：

> 要此心純是天理，須就理之發見處用功。如發見於事親時，就在事親上學存此天理。發見於事君時，就在事君上學存此天理。發見於處富貴貧賤時，就在處富貴貧賤上學存此天理。發見於處患難夷狄時，就在處患難夷狄上學存此天理。（註一九）

> 澄在鴻臚寺倉居，忽家信至，言兒病危。澄心甚憂悶不能堪。先生曰：此時正宜用功。若此時放過，閒時講學何用？人正要在此等時磨鍊。父之愛子，自是至情，然天理亦自有個中和處，過即是私意。人於此處，多認做天理當憂，則一向憂苦，不知已，是有所憂患，不得其正。大抵七情所感，多只是過，少不及者。才過，便非心之本體，必須調停適中始得。……天理本體，自有分限，不可過也，人但要識得心體，自然增減分毫不得。（註二〇）

這表示，陽明心外無理之「理」實是指我人處事時內心所引以爲據的天理。故處在亨通橫逆之際遇，雖非人力所及，但面對這些際遇時，我心之操持，即爲我心之理，此理可使我人在際遇變化時，無懼無失而得其正。因此，陽明乃說「處富貴貧賤上學存此天理」，此一「處」字，即可使心理合一矣。同理，內在的七情所感是人情事變，必然會轉化爲修行功夫所外現的一物，因此內在的心若能調停適中，行爲就不會過與不及，而所謂「識得心體」，即指在心裡用功求理，當然就是心外無理。總之，陽明從未把「理」當成事物外在、獨立一邊的理（註二一）。而是說物既爲人之意念所發，則只要此心不被私欲所蔽，即能心理合一。

前已言及，宋明理學都以成聖爲宗旨，朱子爲代表的理學，雖將理的範圍推的極遠，還是要透過闡明心與理的關係，落實於道德成就，其與陽明之不同，仍爲修行工夫上「知入」與「行入」之爭。前已言之，以朱子言，有：

物之有宜有不宜，事之有可有不可，吾心處之，知其各有定分而不可易，所謂義也。精義者，精諸此而已矣！所謂精云者，猶曰察之云爾。精之之至，而入於神，則於事物所宜，毫釐委曲之間，無所不悉，有不可容言之妙矣！此所以致用而用無不利也。（朱子大全卷三十八答江元適）

此即表示朱子認爲行爲之能致用而無不利，須先對「事物所宜，毫釐委曲之間，無所不悉」。因爲唯能如此，「吾心處之」方能「知其各有定分而不可易」，這就是把窮理當成道德實踐的前提。可是，事實上，自然界許許多多的事物，只是如其所是的實然之理，即使研析精深「而入於神」，亦與「有宜有不宜」、「有可有不可」的道德應然之理沒有直接的關係，所以朱子尚須另加一套涵養用敬的內在修持工夫論。故陽明亦就此而批評朱子說：

或問晦菴，先生曰：人之所以爲學者，心與理而已。此語如何？曰：心即性，心即理，下一與字，恐未免爲二。此在學者善觀之。（註二二）

晦菴謂：「人之所以爲學者，心與理而已。心雖主乎一身，而實管乎天下之理；理雖散在萬事而實不外乎人之一心。」是其一分一合之間，而未免已啓學者心理爲二之弊。（註二三）

這是對朱子析心理爲二的批評，至於陽明則是主張心外無理的心理合一，此如：

心即理也，無私心即是當理，未當理便是私心，若析心與理言之，恐亦未善。（註二四）

心即理也，此心無私欲之蔽，即是天理，不須外面添一分。（註二五）

由此可見，陽明心外無理是專就道德而言者。而陽明之特殊，在於本諸圓融統觀，力言就道德而言的心外無理不僅可以成就一己之德性生命，在德性生命有所成之後更可以涵蓋曲成外界個別特殊的自然或人事之理，甚至可說在道德心靈爲基礎之上，我人才可以眞正圓滿周徧的成就萬物之理，而不是在心無所主的情形下，虛昧雜亂地在外界講求追尋。此如：

問聖人應變不窮，莫亦是預先講求否？先生曰：如何講求得許多，聖人之心如明鏡，只是一個明，則隨感而應，無物不照，未有已往之形尚在，未照之形先具者。……是知聖人遇此時，方有此事，只怕鏡不明，不怕物來不能照。講求事變亦是照時事，然學者卻須先有個明的工夫，學者惟患此心之未能明，不患事變之不能盡。（註二六）

可見，即使就外在事理之衆，陽明亦可藉「明的工夫」，使心如明鏡以盡事變，而不必「預先講求」。這種心外無理的意涵，是了解心即理思想的一個關鍵，前述回答徐愛、鄭朝朔的質疑「至善只求諸心，恐於天下事理，有不能盡」就是針對這個關鍵而發，當時陽明已有明確解說。但此類疑惑確實是對陽明心即理說最主要的疑難，也是陽明不契於朱子的最主要關鍵。因此，陽明對此不憚其煩，再三解說：

問：名物度數亦須先講求否？先生曰：人只要成就自家心體，則用在其中，如養得心體果有未發之中，自然有發而中節之和，自然無施不可。苟無是心，雖預先講得世上許多名物度數，與

已原不相干，只是裝綴臨時自行不去。亦不是將名物度數全然不理，只要知所先後，則近道。（註二七）

聖人心如明鏡，常人心如昏鏡。近世格物之說，如以鏡照物，照上用功，不知鏡尚昏在何能照。先生之格物，如磨鏡而使之明，磨上用功，明了後之未嘗廢照。（註二八）

只存得此心常見在便是學，過去未來事思之何益，徒放心耳。（註二九）

後世不知作聖之本是純乎天理，卻專去知識才能上求聖人，以爲聖人無所不知無所不能，我須是將聖人許多知識才能逐一理會始得，故不務去天理上著工夫，徒弊精竭力，從冊子上鑽研，名物上考索，形迹上比擬，知識愈廣而人欲愈滋，才力愈多而天理愈蔽……。（註三〇）

這幾段話，實可充分說明陽明心外無理說。儒家所謂人人都可以成聖成賢的理論，固然可以溯源孔孟，但此在陽明思想中，卻表達得更簡易透闢。一切所論還是在說人人都能超凡入聖，然做堯舜入聖的根本，不在外現事功的成就，與知識名物的鑽研探索，而是每一個人要在自己心體上用功，減去人欲，復其天理才是。可見陽明論此學是何等通貫統會何等洒脫，何等平易踏實，所以即使是聖人，亦不必求應變無窮的無所不知，無所不能，其心亦只是純乎天理而已。常人欲成聖，只要使心如明鏡，自能隨感而應，無物不照，就知所先後矣，若心無所主，則知識愈廣，人欲愈滋，才力愈多，天理愈蔽。所以說，理不外於心，只要成就自家之心體，自能起其用，而無施不當。

我人認爲陽明這種心外無理說，實即圓融統觀之人道天道相合爲一之說。蓋人道天道，本是一體，即人即道，道與人之間本沒有絲毫間隔，所以才能說反求諸身而自得之，就是說道即在吾人內心，只要能夠自反於心，其道就能自得了。至於自得的方法，只要將外物所誘，私慾所蔽，自私自利的私心袪除盡淨，則本然天性之善就彰明顯著，充沛自在。在這種道之體備於己的意義下，正可看出吾人生命中，先天就內涵有一切德性之根本，只要清明在躬，不爲私念所蔽，人自然可體悟與自然天理相通的道。這說明陽明主張心外無理的理，是內涵於人之本心，而非外鑠於我者。故理是著重在當然之則的道德性義理，而不是就人世間古今事變，名物度數，或自然界草木鳥獸之類的所以然之故而言的。而吾人又已知陽明言「心即理」的心是道心，而非私心或軀殼血肉之心，故此心與理實同出一源。所以說只要自反於心，即知人道天道本是一體。

陽明更說：

夫舜之不告而娶，豈舜之前已有不告而娶者爲之準則，故舜得以考之何典，問諸何人，而爲此邪？抑亦求諸其心一念之良知，權輕重之宜，不得已而爲此邪？武之不葬而興師，豈武之前已有不葬而興師者爲之準則，故武得以考之何典，問諸何人，而爲此邪？抑亦求諸其心一念之良知，權輕重之宜，不得已而爲此邪？使舜之心而非誠於爲無後，武之心而非誠於爲救民，則其不告而娶，與不葬而興師，乃不孝不忠之大者，而後之人不務致其良知，以精察義理於此心感應酬酢之間，顧欲懸空討論此等變常之事，執之以爲制事之本，以求臨事之無失，其亦遠矣。

（註三一）

因此可知，陽明之心理合一，正是自反其心後，認得心之本體原自虛靈不昧備衆理含萬德，若無私心之蔽，則本心自能隨感應物，且會循理以行，故無須求之於外也。否則當社會環境變遷，外在禮儀有所更動時，若人無此心，又將以什麼做爲安身立命的永恆標準。所以，陽明認爲舜之不告而娶，武之不葬而興師，並非考於古典或問於他人，而都是求諸其心一念之良知也。反觀世人若只昧於小知小識，誤認人生之至善眞理在於精察外在事物之各種義理，或求在感應酬酢間形式上之得當，則淪於懸空討論矣。此亦即陽明發揮圓融統觀所謂即人即道、形上與道德相貫通的思想特色，由之闡明本心之應物，雖隨時而變，本心卻能隨其不同，時時有其合乎天道之創發性的運用與表現，不會滯於一隅，所謂人能弘道正是此義。

但是，陽明於此並非是主觀偏執地不顧自然界之事理，或不去追求自然科學之知，反之；陽明心外無理說亦可用於對自然界的開發利用。蓋自然之秘，必須由人來探索，天災地變，必須以人力與之奮鬥而戰勝之，這正是發揮天性的本能，求其合乎自然之理。因爲江河氾濫，是水性就下而有所雍阻，所以導水疏河，一方面是克服天災，一方面也是順應自然之天理。又如吾人應用蒸氣做發動機關，一方面是改善交通，但一方面仍然順著液體汽化膨脹而生推動力量之物理，這物理亦就是天理，所以心外無理意涵下之順應天理與克服自然和人定勝天並不矛盾，而實在同是一理。我們可以說合乎天理者方能克服自然，唯順應天理人情者，方能在自然界有所開發利用。

故知「心外無理」的思想，澈上澈下，亦是貫通爲一的。只要能成就心體順乎天理，必能成就自己的德行，亦能成就萬物。牟宗三對此亦指出，由於「天理必繫於意與知（皆心之發用）而言之，故知其必爲道德形上學中之道德實體之意志律也。即心律也。古人曰天理。天理不外吾心。故曰心外無理，理爲天理，心即爲天心。天心即道心。天心無不蓋。故心外亦無物。一切事物皆在天理之涵蓋成就中。無天心無天理，則事物亦不成其爲事物，而人亦不復成其爲人矣。是以成己即成物，一成一切成。無物即無己，一壞一切壞。」（註三二）。可見陽明「心外無理」說正是圓融統觀成己成物一成一切成義理之發揮，而處處顯露圓融統觀之特色。

第三節　心即理之義蘊與其所透顯之圓融統觀

在論述陽明「心即理」思想之義蘊前，先須了解其所謂之「心」與「理」。首先，我們要知，王陽明所謂心即理的「心」，不是形體軀殼的血肉之心，而是指道體天理的所在，是人身之主宰。如傳習錄上所記載的：

……豈是汝之耳目口鼻四肢，自能勿視聽言動？須由汝心。這視聽言動，皆是汝心。汝心之視，發竅於目；汝心之聽，發竅於耳；汝心之言，發竅於口；汝心之動，發竅於四肢。若無汝心，便無耳目口鼻。所謂汝心亦不專是那團血肉。若是那一團血肉，如今已死的人，那一團血肉還在，緣何不能視聽言動？所謂汝心，卻是那能視聽言動的，這個便是性，便是天理。有這個性，才能生這性之生理，便謂之仁。這性之生理，發在目便會視，發在耳便會聽，發在口便會言，發在四肢便會動，都只是那天理發生。以其主宰一身，故謂之心。這心之本體，原只是個天理，原無非禮。這個便是汝之眞己，這個眞己，是軀殼的主宰。若無眞己，便無軀殼，眞是有之即生，無之即死。（註三三）

心者，身之主宰。目雖視，而所以視者，心也；耳雖聽，而所以聽者，心也；口與四肢雖言動，而所以言動者，心也。（註三四）

從上可知，陽明認爲心即理的「心」，並非指生理血肉的器官，亦不是附麗於腦筋中者，而是一天理發生，虛靈不昧，衆理具萬事出的明覺。故此心之所在，只是本然自得的道體，故亦可以天命或天理形容之，然其呈顯出全體大用，必亦有靈覺感通。此即陽明後來所說的良知，亦可以用「寓理帥氣」四字來形容。可是，雖然心、理、天、良知、性等，皆是同一事的不同形容，「心」之一字卻較爲複雜。因爲「心」乃就主宰於人身而言，然因雜夾了人順軀殼起之欲念，常使行爲舉止有過與不及，不能常發而中節，由此有所謂人僞的私心與當理之道心的分別。這才使人對心如何能是理有若干疑惑。傳習錄上載有：

問道心、人心。先生曰：率性之謂道，便是道心；但著些人的意思在，便是人心。道心本是無聲無臭，故曰微；依著人心行去，便有許多不安穩處，故曰危。（註三五）

而陽明之心即理的「心」，則不是軀殼私欲之心，可說是當理道心，亦即指良知也。故陽明又說：

心即理也，無私心即當理，未當理便是私心。若析心與理言之，恐亦未善。（註三六）

……心者身之主也，而心之虛靈明覺，即所謂本然之良知也。（註三七）

心一也，未雜於人謂之道心，雜以人僞謂之人心。人心之得其正者，即道心；道心之失其正者，即人心。初非有二心也。（註三八）

道心者，良知之謂也。（註三九）

由陽明所說，我人可知，陽明所謂的「心」遠承孟子四端之教，近秉陸象山「心同理同」之教，直指人的本心而言。此心只有一個，並無人心、道心之對立，而是一個先天普遍的「心」。只要此心「不雜於人僞」，就是一個直覺而有、能識事理也能做道德判斷的超驗的價值自覺心。依此道德自覺心所流露者，則是道德精神主體創造的宇宙，也是放諸四海而皆準的道德律則，更是我人當下現實生活的唯一依據，故陽明說此心爲身之主宰，爲「本然之良知」也。此理所發，也就開啓出陽明日後之致良知教。

至於心即理的「理」，很明顯是指至善天理。但陽明所謂之「理」卻有超越天理與內在生命理想相合一的義蘊，使此一「理」兼具存有與活動之特性，而能全然表現出圓融統觀之意涵。蓋所謂之「理」，實即「天理」。而天在中國哲學上常有主宰性宗教天，自然形體天與德性義理天三種意義。宋明理學家所言之天大多爲德性義理之天，而把宇宙萬有自然現象視爲宇宙道德目的呈顯的歷程。因此，天理就被當成宇宙萬物與人倫百行的律則規範。可是，陽明更進一步指出，「理」不但本身是至善的律則規範，也能從發用流行中完成其善。這還是因爲陽明憑藉圓融統觀的精神要把天理與良知心體結合起來，使天理能落實於致知，此如：

> 心之本體，即是天理。（註四〇）
>
> 良知即是道，……但循著良知發用流行將去，即無不是道。（註四一）
>
> 良知是天理之昭明靈覺處，故良知即是天理。（註四二）

若問陽明何以能將天理與良知心體相結合，陽明本人的回答是：

> 惟乾問知如何是心之本體？先生曰：知是理之靈處，就其主宰處說便謂之心，就其稟賦處說便謂之性。孩提之童，無不知愛其親，無不知敬其兄，只是這個靈能不爲私欲遮隔，充拓得盡，便完全是他本體，便與天地合德。（註四三）
>
> 又曰：知是心之本體。心自然會知，見父自然知孝，見兄自然知弟，見孺子入井自然知惻隱。此便是良知，不假外求。若良知之發，更無私意障礙，即所謂充其惻隱之心，而仁不可勝用矣！（註四四）

這裡所謂「知是理的靈處」、「知是心之本體」正表示天理在天地言是造物的生生不息，在人則是良知本心。天理不但具超越性亦具活動性，是體用合一的。故知、理、心、性是一物之不同名稱而已，只要良知本心「充拓得盡」，便可「與天地合德」。可見「理」不但本身至善，確實也能從發用流行中完成其善。因此陽明乃有心理合一的圓融統觀，如：

> 緣天地之間，原只有此性，只有此理，只有此良知，只有一件事耳。（註四五）
>
> 吾心之良知即所謂天理也，致吾心良知之天理於事事物物，則事事物物皆得其理矣。致吾心之良知者，致知也。事事物物皆得其理者，格物也，是合心與理而爲一者也。（註四六）
>
> 昏闇之士果能隨事隨物精察此心之天理，以致其本然之良知，則雖愚必明，雖柔必強，大本立而達道行，九經之屬可一以貫之而無遺矣。（註四七）

由上可知，從陸象山到陽明，「心即理」所指的「心」是源於孟子的本心概念，陽明有時是用「心體」、「心之本體」、「良知」來表達此一概念。可是因爲孟子的四端本心是不被感性欲望所雜染的先驗主體，因此這個「心」是近乎康德倫理學上「道德主體」的概念。這樣一來，「心即理」所言之「理」就不能涉及自然法則方面的問題。故陳來乃說：「在陸象山和王陽明，理並不是對象，理是主體自身的一個規定，所以心即是理。」（註四八）。但陽明這種「心即理」的思想並不是遺物毀物的唯心論，而是圓融統觀下之心物合一者，此如陽明所說之：

> 理無內外，性無內外，故學無內外。講習討論，未嘗非內也，反觀內省，未嘗遺外也。夫謂學必資於外求，是以己心爲有外也，是義外也，用智者也。謂反觀內省爲求之於內，是以己心爲有內也，是有我也，自私者也。此皆不知性之無內外也，故曰精義入神，以致用也，利用安身，以崇德也，性之德也，合內外之道也。（註四九）

仔細深思這段話，我人可看出「心即理」所蘊涵者乃爲圓融統觀之內外一貫，心物合一，並未「

遺外」。我人只能說陽明立言之種種，基本上仍是如何安身立命，做道德實踐的工夫。所以對外界人倫物理的討論，不再是純知識的問題，而已點化成如何利用正德厚生的問題了。同時，剋就外在理或事爲心所知時，其乃與此心之是非相感應，而求如何使萬物能各得其所，目的亦只求使人類得遂其生。因而窮理之事乃直接與吾人之生命情操相關連。故陽明之言心並不遺物，陽明之意是說，在格物致知或即物窮理時，並不只是在作客觀外在之探尋與分析，必須先有人的心知活動以與外物相結合成爲一事，進而以此本心使外在探索所得之知眞能有益於宇宙人生。因此陽明才能說，理無內外，性無內外。此即表示人之主官覺識與心知之能，與外境所感之物事不可相離，而是結爲一體。故陽明有「用智」與「自私」之辨，也才有心外無事，心外無物之論。

對陽明上述心外無理之說，也許有人還會追問，雖曰理無內外，可是自然法則或事物之理與倫理及天理有何關係呢？依我人看，事物之理與倫理皆不可遠離天理。天理在此可視爲是一極具體的抽象統括名詞，其顯揚於人與人之間的，如日常生活中進退舉止應遵循者即是倫理。其隱含於物類之中，如種種生成變化的原則與如何裁奪運用的規範即是物理。天地間人之倫常秉彝不可亂，而萬物之生長或日月星球之運轉也是有物有則，不可紊雜的，此亦皆是天理所顯也。再就人文世界來說，天理不能空洞孤懸於外，其若要起作用，又非依靠有靈明自覺的人不可。故天理之落實或發皇處，即吾人本心良知之所在。因之，倫理固是人心之是非感應，而當向外求物理時，物理之理也在此心體所顯發的是是非非中，亦即把吾心與物理相合爲一也。由這個角度來看，陽明所謂心外無事，正是中國人文思想的高度表現，這豈能說成是唯心論呢？由此我人也才可眞正體會出陽明何以要說「精義入神，以致用也，利用安身，以崇德也，性之德也，合內外之道也」。於是，陽明又說：

……夫物理不外吾心，外吾心而求物理，無物理矣。遺物理而求吾心，吾心又何物邪？心之體，性也，性即理也。故有孝親之心，即有孝之理，無孝親之心，即無孝之理矣。有忠君之心，即有忠之理，無忠君之心，即無忠之理矣。理豈外於吾心邪？……後世所以有「專求心，遺物理」之患，正由不知心即理耳。（註五〇）

諸君要識得我立言宗旨，我如今說個「心即理」是如何，只為世人分心與理為二，故便有許多病痛，如五伯攘夷狄，尊周室，都是一個私心，便不當理，人卻說他做得當理。只心有未純，往往悅慕其所為，要來外面做得好看，卻與心全不相干，分心與理為二，其流至於霸道之偽，而不自知，故我說個「心即理」，要使心理是一個，便來心上做工夫，不去襲義於外，便是王道之眞。（註五一）

此即是說，陽明所言之心即理，或心理為一者，並不是要以心去合理，或心與理二者要湊泊為一，而是指心即是理的本身，或言此心與理本合為一。此即陽明所說只有心上的理，才是純然天理，而一切德行也全是良知上之「理」的眞實發露。否則無論外表裝飾的多好，如同五伯打著尊周攘夷的招牌，而終只是流於霸道之偽，以濟其私。所以人若不眞誠，即使外貌裝得再好，亦只是私心貪欲作祟罷了。我人由之可知，純然天理之在心中，而為吾人行為合理與否之標準，及吾人行為之軌範，而並不是人類隨意訂立，更不只是社會風俗所形成，一切只是良知本心之自然流露。由此，陽明乃說心理是一個，此處所言之心，正是孟子所說的「本心」，一切仁義道德行爲都是由此心之所自發，而不是說心被動的接受外在之理，如種種道德法則，或行爲軌範，是從外界而爲心所納取，而有心與理之湊合，陽明認爲這種湊合就是析心理爲二。故心理合一之心即人人本有的內在地道德本性，孟子即由之而道人性爲善，並說人人可以爲堯舜，只要勿喪此心耳。這種人人本有的道德本心，正是人之異於禽獸的四端之心，絕非血肉之心或認知性的心。故這四端是本心自發的大顯露，非外襲貌似者所能比。明白此義，才可知陽明何以要提倡「心即理」。

對「心即理」這種反求諸己的思想，陽明本人另有精深的闡釋，他說：

人惟不知至善之在吾心而求之於其外，以爲事事物物皆有定理也，而求之於事事物物之中，是以支離決裂，錯雜紛紜而莫知有一定之向，今焉既知至善之在吾心而不假外求，則志有定向，而無支離決裂，錯雜紛紜之患矣，無支離決裂錯雜紛紜之患，則心不妄動而能靜矣，心不妄動而能靜，則其日用之間，從容閒暇而能安矣，能安，則凡一念之發，一事之感，其爲至善乎，其非至善乎，吾心之良知自有以詳審精察之而能慮矣，能慮則擇之無不精，處之無不當，而至善於是乎可得矣。」（註五二）

此處所論，仍是確認至善之眞理，即吾心之良知，故良知即眞理之所在，一切均在吾心之內，不待外求的，此即表示陽明之論「心即理」者，務期心能止於至善，最後的目的，是使事事物物都止於至善。所以至善之理，不必向外馳逐於事事物物之中，而陷於支離決裂，明乎此，則必能悟至善眞理就是陽明所謂之良知也。故惟其認取不待外求、人人本具之本心眞理後，並兼行格物致知的工夫，則其心必堅定穩固，其知之眞，亦必能把握住至善之理。然後可知，此所論中包含一套極重要的圓融統觀之爲學程序。蓋能知所止，吾人才能悟明德至善之所在，則以良知作主矣。深入此境，方能悟空中之不空，識虛中之妙有，而渾是至善之流露，於是有事時妄念自止，無事時雜念自消，故在行住坐臥，處事接物時，神明朗現於前，本心一片瑩徹，無論廟堂山野或靜喧語默，隨在隨處皆得其「止」也。夫眞知眞理至善不待外逐，是而吾人乃有止乎至善而不遷，純亦不已之眞行也，亦必有集義養氣，操存不廢的工夫，使心能止乎至善而不動，內心純一不僞，則內在之心與外現之衆行皆有「定」的效驗也。此時一心澄然，虛靈獨照，燥妄盡去，則內無妄念，外感不搖，眞性至理寂寂又惺惺，是以由充實積中的定，乃有英華自在的「靜」也。繼而此心泰然怡然如同明鏡，頓時天眞獨露，本心現前，是爲寂感一如，動靜不二，內外一體，無入不得，寂然不動之體定，感而遂通之神用發，故而有從容中道，不思而得，不勉而中，發而中節之「安」也。其後，萬理具足，當下即是，則無適而不當，經綸應酬之際，格物窮理之時，善惡自照，是非自明，調處精察，能無所思無所慮，卻又無往不得其宜。因此，性理物理亦全爲天理至善所攝，全是一本現萬殊，萬殊入一本之圓融統觀也，是而明體達用，體無不具，用無不周，事物都得所遂，無往不收其功，是之謂「得」也。由是乃明白陽明所論之天命之性粹然至善，而有靈昭不昧良知之發現於人心，而二者眞能相合。

最後，我們要指出，一言乎「心即理」，就是直指人心之能自作主宰，點明人心之自能知是知非、好善惡惡。亦即表示人之本心良知能超出欲念交侵時之昏蔽與墮落，以顯發出至善的天理。此爲一自知具超越性天理之昭明靈覺的自覺，而使人之本心呈現出此自覺之昭明靈覺，落實於天理流行的道德行爲，乃使本心與天理俱呈俱顯。此才能說，心有主宰，是做學問的頭腦處，而主宰即在自己的心中，就是自己的良知，不必心外去求之，可見陽明所謂之天理是就本心良知而說的。而本心良知之天理是不需要也不能夠從即物窮理中得來。心即理者，乃指吾人以本心良知之自作主宰，自定方向，以自律自決，這是吾人道德行爲上的應當，也是道德創造之眞幾。所以陽明以良知本心爲吾人道德行爲中之具體指導，而良知本心更蘊含著羞惡、辭讓、是非、惻隱等道德意識與道德情操，因而陽明總是由良知是心之本體，或精誠惻怛處說本心，這是心，更是理，是一片純然的天理，一個昭明的良知。

如此，則本心良知是道德行爲的判定標準，亦能具體呈現出道德行爲。此即是說，本心良知爲其自己決定了絕對的法則，這種如此自在，全體明覺的準則就是天理。而就超越的理而言，此天理準則，亦即明覺主宰的本心。但就主體的良知本心而言，良知亦能接受這準則天理，以明覺興發之，如同其有其自由之意志，將之澈現於日常生活中，所謂欲仁仁至也。故良知本心的自作主宰，即吾人道德實踐之最根源的依據，良知本心決定之法則是理，而能眞實呈現此理者，亦是良知本心自己，這種心即理的思想義蘊，亦正表達出圓融統觀之特色，而使我人之生命和樂安祥。

陽明乃說：

悦，是理義之悦我心之悦，人心本自悦理義，如目本悦色，耳本悦聲。惟爲人欲所蔽所累，始有不悦，今人欲日去，則理義日洽浹，安得不悦。（註五三）

此是言良知本心自覺興發的行其義理之當然，吾人即可由本心之自作主宰而悅理義，故於理義處即見吾人實踐道德行爲，發揚道德生命之具體根源。因此，就知的一方面說，良知本心之知是知非、知善知惡，固然是理，有其超越性；然就良知本心之在當惻隱時自惻隱、當羞惡時自羞惡、當辭讓時自辭讓，而能是能非能善能惡，亦即先天不容已，定然不可移的表現呈露出純亦不已的道德行爲，故天理良心結爲一體，有其具體性。所以，良知本心是即明覺即法則的，是自作主宰，自我完成的。而至善遍在的天理，亦僅在人能自我覺醒以去其不合理之昏蔽時，才有眞實具體的意義，這亦是圓融統觀之即工夫即本體，即本體即工夫之義理。故陽明所言，正是指出人之能有道德實踐的操持工夫，實因人有其內在而爲主宰的良知。故由致其本心良知，以存天理即能知天，知天則良知本心所顯亦即天命流行矣。因此，「如謂天理爲性，良知爲心，則此性之所在，即心之所在，心之所在，亦即天命帝命之所在。此即成就一心學之最高發展」（註五四）。否則天理縱在，也只是一孤立的天理，而無從發露，人類生命的眞價值也無從安定，可見心理合一在陽明哲學理論上確具有重要地位。

此即可知，凡儒家之言參天地造化，言太極或論天理者，都是求洞悟宇宙之本源，以知吾人內在生命之根本，而由當下具足，昭明靈覺良知之發，使道德實踐之所以可能的超越根據，落實於自作主宰的良知本心中，而爲無止境的發皇。我們在這一種義理的透澈了悟後，自能明白心即理或心即天的

「即」字，既不是指邏輯論證之推論時二名詞的關係，亦不是指二不同形式表達詞句意義之相似或爲同一。這裡的「即」是說明經過一種作用，使概念或意境間能發生關係的聯繫。因而，「即」字是代表作用的符號（Sign of function）而不是代表語義或事物性質間指認的符號（Sign of identity or similarity）。牟宗三即言：「此心自爲形上的道體的心即天心，故天理即在其中。心即理之『即』非同一律之同也。故形式地言之，只能說個等價關係因而統於一，而實際地言之，則此理即在心中也。」（註五五）。張永儁亦言：「……關鍵在於對『心即理』這個『即』字的用法。這個『即』字不應僅爲一個繫詞，作『即是』解釋；而且是一個動詞作『即合』解釋：有『契合』、『昇進』、『會通』、『轉化』等義。於是，『心即理』這句話便是心與理合，密契無間。而且『天理』不僅是靜態的規律及規範，同時也是動態的作用與歷程。」（註五六）

這樣一來，陽明之心即理說，才可展現圓融統觀之特色，由一心之申展，以當下自足的良知本心之拓充上達乎天理，此處所表現的心，既是道德的基礎，亦爲天地生化的實理。心即理思想的眞義，即是說人之處於天地之間，要把握住上天所秉賦乾元之創生之德，與坤元之蘊養之德，使人也成爲宇宙創化泉源之一，於是人對自己生命理想擴而申之，進而提攜完成他人生命中創造的精神理想，更以同情之心，兼天地備萬物，使萬物之生命價值都能呈現，以成就一切生命種種向上發展的可能。這樣才成就人生之理想。所以才可說人之生命是上接天，下澈地。這是一種把宇宙之生化在時間中展開爲生生不已的連續創造歷程，而人唯以仁心之化育，本心良知之創造，以證同乎天理天道之化育，才能體認天道天理即本心也。人之心亦如天理一般，亘古常存，遍體萬物，一體而化，人才能幫助宇宙演化達到盡善盡美。故中庸第二十二章亦有：「唯天下之至誠，爲能盡其性，能盡其性，則能盡人之性，能盡人之性，則能盡物之性，能盡物之性，則可以贊天地之化育，可以與天地參矣。」這亦就是指由人本心良知的道德與精神理想之提昇，而把握住天理，使創造演化的發展日趨完滿，使人之本心與萬物存在之本源天理，成無窮盡的統一，且同時並現。

換句話說，心即理者，不是在邏輯推理上指認心「是」理，而是指人類生命理想意境，在不同修養層次的提昇之後，契合天理。例如，我們在現實生活中，要建築一物質世界，當做人類生活的基礎。然後把物質點化成生命的支柱，去發揚生命理想，即根據物質的條件，去從事生命更高價值的活動。在這上面去完成藝術、道德、宗教的價值，即由知物、知人、以知天。在生命活動中，一層一層向上提昇，在宇宙裡面建立各種不同的生命領域（註五七）。所以良知本心之自我作主，乃開創出生命價值的無上光輝，並挺立起人道的尊嚴，人亦成爲天地創造的泉源。於是在仁的運潤與智的朗照中，宇宙萬有生成變化之生生不息的超越性天道天理，就與人心內在德行生命之覿體承當而合爲一體。經嚴肅的德行生活，一個凡人進到與天地合德、與日月合明，與四時合序、與鬼神合吉凶，其結果必是圓融統觀所謂之遍潤一切而不遺，上達乎生死晝夜相通爲一，內外物我不分矣。這時天道天理亦不過是一心之沛然，而由主體言的知是知非、生色踐形的良知本心，函有一無限之擴申，充其極，亦攝萬物而不遺。此時心實已與客體言的天理相合爲一，既有普遍性，亦有絕對性。

然後，在人類一切生命活動中，人所表現的都是他的生命中偉大神聖的情操與理想。一個通常被視爲生滅變化，苦悶異常的世界，就成爲一個神聖和睦的世界。一個平凡渺小的人，其精神之成就也能發展到極高尙的境界。人在有限的個體生命中，當下若把握住這一點，則自有存神過化，上下與天地同流的意境與氣魄。而「儒家惟因通過道德性的性體心體之本體宇宙論的意義，把這性體心體轉而爲寂感眞幾之生化之理，而寂感眞幾這生化之理又通過道德性的性體心體之支持，而貞定其道德性的眞正創造之意義。它始打通了道德界與自然界之隔絕，這是儒家道德形上學之澈底完成。」（註五八）。

蔡仁厚乃據此而說：「可知『心即理』『良知即天理』並不是認識論的命題，而是形上學的命題。象山之學，在由本心實理流出而爲實事實行。陽明之學，在致吾心良知之天理以正物成物。故曰『致吾心良知之天理於事事物物，則事事物物皆得其理矣。致吾心之良知者，致知也；事事物物皆得其理者，格物也。是合心與理而爲一者也。』事事物物皆得其理，即是事事物物皆得其正、皆得其成。一切事物皆在良知天理之潤澤中而得其眞實之成就。攝物以歸心，心以宰物、以成物，此便是道德的創生，形上的直貫。所謂『心與理一』『心外無理』『心外無物』，皆須在這個意義上乃能得其了解，這亦就是『心即理』（良知即天理）最中心的義蘊。」（註五九）。由這種「道德的創生，形上的直貫」之解說，我人不但可以明白陽明「心即理」之義蘊，更可明白「心即理」義蘊所透顯者乃圓融統觀之理想特色，而對陽明心即理說有更深刻的體認。

【附註】

註　一　王陽明，「傳習錄」，陽明全書，前揭書，卷三，頁二二下。
註　二　牟宗三，「王陽明學行簡述」，生命的學問，前揭書，頁一六四。
註　三　參閱秦家懿，王陽明，初版（台北：東大圖書公司，民國七十六年）。
註　四　王陽明，「次謙之韻」，陽明全書，前揭書，卷二十，頁三四上。
註　五　同註一，卷二，頁五上。
註　六　參閱牟宗三，王陽明致良知教，初版（台北：中央文物供應社，民國四十三年），頁一至二。
註　七　唐君毅，中國哲學原論原教篇，前揭書，頁三〇七。
註　八　同註一，卷一，頁一二上。
註　九　參閱唐君毅，中國哲學原論導論篇，修訂再版（香港：新亞研究所，民國六十三年），頁五九六。
註一〇　陸象山，「語錄」，陸象山全集，三版（台北：世界書局，民國六十年），頁二八七至二八八。
註一一　王陽明，「象山文集序」，陽明全書，前揭書，卷七，頁一四。
註一二　同註一，卷一，頁一上至下。
註一三　同上註，卷一，頁八下。
註一四　同上註，卷一，頁五上。
註一五　同上註，卷一，頁一九上。

註一六　同上註，卷一，頁一八下。

註一七　同上註，卷一，頁二下。

註一八　同上註，卷一，頁三上。

註一九　同上註，卷一，頁五至六。

註二〇　同上註，卷一，頁一三下。

註二一　參閱鍾彩鈞，王陽明思想之進展，前揭書，頁三一。

註二二　同註一，卷一，頁一二上。

註二三　同上註，卷一，頁三下。

註二四　同上註，卷一，頁二〇上。

註二五　同上註，卷一，頁二下。

註二六　同上註，卷一，頁一〇上。

註二七　同上註，卷一，頁一六下。

註二八　同上註，卷一，頁二五下。

註二九　同上註，卷一，頁一八下。

註三〇　同上註，卷一，頁二一下。

註三一　同上註，卷二，頁九上至下。

註三二　同註六，卷二，頁四。
註三三　同註一，卷一，頁二七下。
註三四　同上註，卷三，頁二三上。
註三五　同上註，卷三，頁一〇下。
註三六　同上註，卷一，頁二〇上。
註三七　同上註，卷二，頁七上。
註三八　同上註，卷一，頁六上。
註三九　同上註，卷二，頁一〇上。
註四〇　同上註，卷二，頁一五上。
註四一　同上註，卷二，頁二二下。
註四二　同上註，卷二，頁二五上。
註四三　同上註，卷一，頁二六上。
註四四　同上註，卷一，頁五下。
註四五　同上註，卷二，頁二三下。
註四六　同上註，卷二，頁五上至下。
註四七　同上註，卷二，頁六至七。

註四八　陳來，王陽明哲學的精神，前揭書，頁四三。

註四九　同註一，卷二，頁二八上。

註五〇　同上註，卷二，頁三上至下。

註五一　同上註，卷三，頁二四下。

註五二　王陽明，「大學問」，陽明全書，前揭書，卷二十六，頁三下。

註五三　同註一，卷一，頁二四下。

註五四　唐君毅，中國哲學原論導論篇，前揭書，頁六〇二。

註五五　同註六，頁一八。

註五六　張永儁，「陽明先生的『知行合一』說」，革命哲學，前揭書，頁一三七。

註五七　參閱方東美，「中國哲學對未來世界的影響」，哲學與文化月刊，民國六十三年三月，革新號第一期，頁八。

註五八　牟宗三，心體與性體，第一冊，前揭書，頁一八〇。

註五九　蔡仁厚，王陽明哲學，前揭書，頁一四七。

第四章　陽明知行合一說之圓融統觀

陽明龍場悟心即理之後，有知行合一之說，然隨陽明學養之日趨高明及施教時存「因病施藥」之苦心，知行合一說本身亦有不同進展可言。以陽明思脈發展來看，無論知行關係學理之論釋或以靜坐澄心「補小學收放心」或倡存天理去人欲之事上磨鍊與重誠意，皆有理路一貫之相承續。何況，知行合一之說分知行二者是乃方便指點，屬「有迹」也，迨及晚年見解圓熟則罕言知行，專指「致良知」，斯時「致良知」即「知行合一」，乃入於「無迹」矣。本章即就圓融統觀之意涵說明此間之理論發展與要義。

第一節　陽明知行合一說之理論進展

據陽明年譜的記載，明正德四年，陽明三十八歲，即龍場悟道的次年，應貴州提學副使之聘，主講於貴陽書院，開始提出「知行合一」之說。由此可知，陽明主張「知行合一」，是在理論上倡言「

知心理是一個，便來心上做工夫」的「心即理」義理後，蓋「心即理」思想之眞正圓熟在於指出「心即理」必須落實於每一個人即知即行的工夫實踐上，以下學而上達天理，此正爲圓融統觀一貫之發揮。然自「知行合一」工夫實踐本身而言，陽明亦有不同之指點，此即構成知行合一教本身之不同進展，可析述於下。

首先，如年譜三十八歲條所記：

是年，先生始論知行合一。始席元山書提督學政，問朱陸同異之辨。先生不語朱陸之學，而告之以其所悟，書懷疑而去。明日復來，舉知行本體證之五經，諸子漸有省，往復數四，豁然大悟，謂聖人之學復覩於今日。朱陸異同，各有得失，無事辯詰。求之吾性，本自明也，遂與毛憲副修葺書院，自率貴陽諸生以所事師禮事之。

由上可知，陽明知行合一說本是指點學人做實際工夫者，然其說因與朱子以來的舊說不同，故與「心即理」說同樣引起聞者的懷疑。這使知行合一說的工夫指點變成如「朱陸異同」般之爭議，亦有知行關係孰先孰後的爭辯，有所謂「紛紛異同，罔知所入」現象。這當然不是陽明本意，於是陽明乃有相應的理論上的說明與修行上的指點，此如年譜三十九歲條所記：

先是先生赴龍場時，隨地講授。及歸，過常德辰州，見門人冀元亨蔣信劉觀時輩俱能卓立，喜曰：『謫居二年，無可語者。歸途乃幸得諸友。悔昔在貴陽舉知行合一之教，紛紛異同，罔知所入。茲來乃與諸生靜坐僧寺，使自悟性體，顧恍恍若有可即者。

這表示，陽明龍場之悟後的工夫指點，先是從學術上的解釋入手（註一）。然因聞者「紛紛異同」，使陽明有所懊悔，認為與其論辯說明知行合一，不如從靜坐自悟知行本體入手。靜坐的意思，就是指出唯有遠離外界的干擾，使外逐的意念能反歸於自身，心才眞得安然自在。這與老子所言：「為道日損」，甚為接近，亦是承孟子求放心之教所指點出的實際修行工夫。故年譜中又有：

既又途中寄書曰：前在寺中所云靜坐事，非欲坐禪入定也。蓋因吾輩平日為事物紛拏，未知為己。欲以此補小學收放心一段功夫耳。明道云：才學便須知有用力處，既學便須知有得力處，諸友宜於此處著力，方有進步，異時始有得力處也。

由此可見，靜坐是針對「平日為事物紛拏，未知為己」這種缺失而發的，目的在「補小學收放心一段功夫」使得「異時始有得力處」。而這種實地用功的靜坐收心，與「坐禪入定」並不相同，因為陽明除了講靜坐使心能安定之外，還講求實際省察克治的工夫。對此，陽明說過甚多：

劉君亮要在山上靜坐，先生曰：汝若以厭外物之心去求之靜，是反養成一個驕惰之氣了，汝若不厭外物，復於靜處涵養卻好。（註二）

日間上夫覺紛擾則靜坐，覺懶看書則且看書，是亦因病而藥。（註三）

初學時，心猿意馬，拴縛不定，其所思慮，多是人欲一邊，故且教之靜坐息思慮。久之，俟其心意稍定，只懸空靜守，如槁木死灰，亦無用，須教他省察克治。省察克治之功，則無時而可間，如去盜賊須有個掃除廓清之意。…… 初學時必須思省察克治，即是思誠，只思一個天理，

到得天理純全，便是何思何慮矣。（註四）

可見陽明之靜坐，是「不厭外物」的「靜處涵養」。故「靜坐息思慮」之後，更要「省察克治」把私欲之根一一拔去，如此方能天理純全。這其中的道理，正是年譜三十九歲條所記之：

欲爲聖人，必須廓清心體，使纖翳不留，眞性始見，方有操持涵養之地。

於是陽明知行合一說乃轉爲存天理去人欲之不分動靜，而有事上磨鍊與重誠意之主張。此如年譜四十三歲條所記：

先生曰：吾年來欲懲末俗之卑污，引接學者多就高明一路以救時弊，今見學者漸有流入空虛爲脫落新奇之論，吾已悔之矣。故南畿論學只教學者存天理去人欲爲省察克治實功。

陽明所謂存天理去人欲就是想指點出一種內外雙修的實際工夫，希望能把有事無事、動靜之分別打破，以符合其知行合一的理念，而透過這種知行合一之說，也明顯的發揮了圓融統觀之特色。故在傳習錄上有云：

省察是有事時存養，存養是無事時省察。（註五）

問寧靜存心時，可爲未發之中否？先生曰：今人存心，只定得氣。當其寧靜時，亦只是氣寧靜，不可以爲未發之中。曰：未便是中，莫亦是求中功夫？曰：只要去人欲存天理，方是功夫。靜時念念去人欲存天理，動時念念人欲存天理，不管寧靜不寧靜。若靠那寧靜，不惟漸有喜靜厭動之弊，中間許多病痛，只是潛伏在，終不能絕去，遇事依舊滋長。以循理爲主，何嘗不寧靜？

以寧靜爲主，未必能循理。（註六）

問靜時亦覺意思好，才遇事，便不同，如何？先生曰：是徒知靜養，而不用克己工夫也。如此，臨事便要顛倒。人須在事上磨，方立得住，方能靜亦定，動亦定。（註七）

這表示，靜坐與省察克治之間的關係，是在先使心安定再以省察之功求廓清心體，則此時所謂之存天理去人欲必不分動靜念念而以循理爲主，這樣一來就心體之發用言，無不是天理；就「事上磨」之去人欲言，即能確實廓清心體，而有體用合一的涵意。正因爲修行工夫到了體用兼備之境，所以，「省察」、「存養」不分有事、無事，皆以理爲據，才能動靜皆定。故寧靜若只是氣寧靜，也不是未發之中，一遇到外物之激發，則心仍不能得其正，必須循理，方能動亦靜、靜亦動。這時，吾人實際行爲中的「知行合一」，才是即用以明體的「事上磨」。而即用以明體的事上磨鍊，是陽明在五十歲前最重要的工夫指點，陽明所說之立志、克己、主敬窮理、精一、博約、盡心、格物誠意等修行工夫，都可藉圓融統觀這種體用一如的意涵而得闡明。鍾彩鈞乃說：「知行合一從理論上說，乃是心體的發動，動而無私欲障蔽，便是即知即行的。這是從體直貫到用，無毫髮間隔。這是龍場之悟以來便已無疑的。從工夫上說，則須說到事上磨鍊，才是眞正是落實可據。」（註八）

在此，我們更要指出，陽明知行合一說在理論上的進展，仍是要到提出致良知說後，才眞正完備。因爲陽明雖以存天理去人欲來指點如何從事「事上磨鍊」，但對如何體悟天理及如何秉持天理以落實於去人欲的行爲，而貫通知行，則有賴致良知說才得使其理論全然完備。此如年譜五十歲條記之：

先生自南都以來，凡示學者皆令存天理去人欲以爲本。有問所謂，則令自求之，未嘗指天理爲何如也。間語友人曰：近欲發揮此，只覺有一言發不出，津津然如含諸口，莫能相度。久曰：近覺更無有他，只是這些子了，此無餘矣。旁有健羨不已者，則又曰：連這些子亦無放處，今經變後，始有良知之說。

傳習錄上亦有：

吾昔居滁時，見諸生多務知解，口耳異同無益於得，姑教之靜坐，一時窺見光景，頗收近效。久之，漸有喜靜厭動，流入枯槁之病，或務爲玄解妙覺，動人聽聞。故邇來只說致良知。良知明白隨你去靜處體悟也好，隨你去事上磨鍊也好，良知本體原是無動無靜的，此便是學問頭腦。我這個話頭，自滁州到今，亦較過幾番，只是致良知三字無病，醫經折肱，方能察人病理。（註九）

這表示陽明從理論疏解知行合一，或提默坐澄心，或提存天理去人欲爲省察克治之實功，到致良知，雖有不同進展，但功夫是一貫的，可層層上升，又層層下涵的。但唯在致良知中之知行合一，才眞能讓學人了知「知行合一」中體用合一、動靜合一之意。「知行合一」說至此，也才眞正成熟圓融，而爲一圓融統會之哲學慧見。

第二節　圓融並進的知行關係

前已言及宋明理學在成聖的修養工夫入手處，有所謂「知入」與「行入」的爭議，而陽明知行合一說可說是針對此爭議所發的一種論見。亦即陽明認爲其知行合一說具圓融並進的知行關係，足以解決「察識」與「涵養」孰先孰後的爭論。當時學界仍有人因承朱子之教，而不同意陽明之說，遂多方致書辯諍，陽明亦一再多方作答，以申己意。傳習錄中收錄陽明答顧東橋書即這種辯諍的代表，我們也可就這些論辯來說明陽明對知行關係的看法。

在陽明全書第二卷答顧東橋書中，二人有以下之論辯：

顧東橋質疑說：

所喻知行並進，不宜分別前後，即中庸尊德性而道問學之功，交養互發，內外本末，一以貫之之道。然工夫次第，不能無先後之差，如知食乃食，知湯乃飲，知衣乃服，知路乃行，未有不見是物，先有是事。此亦毫釐倏忽之間，非謂有等今日知之，而明日乃行也。

陽明答曰：

既云交養互發，內外本末，一以貫之，則知行並進之說，無復可疑矣。又云工夫次第，不能不無先後之差，無乃自相矛盾已乎？知食乃食等說，此尤明白易見。但吾子爲近聞障蔽，不自察耳。夫人必有欲食之心，然後知食，欲食之心即是意，即是行之始矣。食味之美惡，必待入口而後知，豈有不待入口，而已先知食味之美惡者邪？必有欲行之心，然後知路，欲行之心即是意，即是行之始矣。路歧之險夷，必待身親履歷而後知，豈有不待身親履歷而已知路歧之險夷者邪？知湯乃飲，知衣乃服，以此例之，皆無可疑。若如吾子之喻，是乃所謂不見是物，而先有是事者矣。吾子又謂此亦毫釐倏忽之間，非謂截然有等今日知之，而明日乃行也。是亦察之尚有未精，然就如吾子之說，則知行之爲合一並進，亦自斷無可疑矣。（註一〇）

這段辯解中，雙方都贊成尊德性道問學之修行，必須「交養互發，內外本末，一以貫之」，但對「工夫次第」是否「無先後之差」，則不能相合。顧東橋以知食乃食爲例，旨在說明所謂「先後之差」是知先行後，此是承朱子之教而來的，可引朱子之言爲證：

王子充問：某在湖南見一先生，只教人踐履。曰：義理不明，如何踐履？曰：它說行得便見得。曰：如人行路，不見，便如何行？今人多教人踐履，皆是自立標致去教人。自有一般資質好底人，便不須窮理格物致知。聖人作個大學，便使人齊入於聖賢之域。若講得道理明時，自是事親不得不孝，事兄不得不弟，交朋友不得不信。（語類卷九、第三十四節）

朱子以「義理不明，如何踐履」爲基本理念，於是主張知先行後。故無論常識上的見路才能行路或顧東橋說的「知食乃食」，及道德踐履上的「講得道理明」，都是先知後行的證例。資質好底人，可算是已明白道理者，故其只講踐履即可，然此並不能推翻知先行後的原則。在這個理論基礎上，朱子才另有知行並進，所謂「交養互發」之說，此如：

知與行工夫須著並到。知之愈明，則行之愈篤。行之愈篤，則知之愈明。二者皆不可偏廢。如人兩足相先後行，便會漸漸行的到。若一邊軟了，便一步也進不得。然又須先知得方行得。（

語類卷十四、第一百六十九節）

夫泛論知行之理，而就一事之中以觀之，則知之爲先，行之爲後，無可疑者，然合夫知之淺深，行之大小而言，則非有以先成乎小，亦將何以馴致乎其大者哉？（朱子大全，卷四十二）

這兩段話是說任何事情即使知行二者不可偏廢，但仍是先知後行的，而依「交養互發」來看知行關係，那只能說在行之中的體驗，可使我人對知的體認也更加深刻。故「行之愈篤，則知之愈明」，是「合夫知之淺深，行之大小而言」的，這與陽明所說「食味之美惡，必待入口而後知。」也是相通的。於是我人可總結朱子對知行關係的看法爲：知是行的根據，行是知的基礎，二者交養互發，以臻於大且深之境（註一二）。因此，陽明回答顧東橋時所說：「知行並進之說，無復可疑矣。又云工夫次第，不能不無先後之差，無乃自相矛盾已乎？」並不眞能指證出朱子知先行後有何自相矛盾。

再者，朱子雖重大學格物之教，倡知先行後，但是朱子始終未嘗忽視行的重要，此如朱子所說之：

如公昨來所問涵養致知力行三者，便是以涵養做頭，致知次之，力行次之。不涵養則無主宰，如做事須用人，才放下，或困睡，這事便無人做主，都由別人，不由自家。既涵養，又須致知；既致知，又須力行。若致知而不力行，與不知同，亦須一時並了，非謂今日涵養，明日致知，後日力行也。（語類卷一一五，第二十六節）

此處所謂「若致知而不力行，與不知同」及「亦須一時並了」，當然是重視行。但是行到底是次於涵養與致知之後，這使涵養、致知、力行的關係成爲朱子所言：「先正路頭，……旋旋下工夫，則思慮自通，知識自明，踐履自正。」（語類卷一一四，第十六節）之層次分明的關係。因此，朱子雖也講知行並進，但知與行仍可分成兩個不同的部分來談論，而在比較之中，知還是佔最重要的地位。這一點，才是朱子、陽明論知行關係最主要差異所在。陽明在講知行並進時，是說「知行之爲合一並進」，這「合一」兩字正表示陽明視知與行只是一個工夫，是即知即行之合一並進，甚至可只提一項，即包含另一個，不能分成兩部分來討論。

因此，當顧東橋質疑說：

> 眞知即所以爲行，不行不足謂之知。此爲學者喫緊立教，俾務躬行則可。若眞謂行即是知，恐其專求本心，遂遺物理，必有闇而不達之處，抑豈聖門知行並進之成法哉？

陽明即答曰：

> 知之眞切篤實處即是行，行之明覺精察處即是知。知行工夫本不可離。只爲後世學者分作兩截用功，失卻知行本體，故有合一並進之說。眞知即所以爲行，不行不足謂之知。即如來書所云，知食乃食等說可見，前已略言之矣。此雖喫緊救弊而發，然知行本體，本來如是，非以己意抑揚其間，姑爲是說，以苟一時之效者也。（註一二）

蓋知行並進雖爲顧東橋或朱子與陽明共有之主張，然顧東橋堅守朱子之教，認爲知行並進若「俾務躬行則可」，若「眞謂行即是知」而不於知處下工夫，將有「專求本心，遂遺物理」之弊。但是陽明卻以「知食欲食之心即是意，即是行之始」及就「知行本體」而分別論證出「知行工夫本不可離」。前者，是不把知只當成單純可獨立的知識，而是把知識的形成當成一種與外物相感通的意念活動。當代頗富盛名的科學哲學家波蘭尼（Michael Polanyi）就曾說：「所有的研究都開始於『求知的熱望』。」（註一三），這種「求知的熱望」就是陽明說的「意」，可說是「行之始」。可見，若就知識的形成而言，其本身是知也是一種行。而若就人一般現實生活中「知食乃食」等活動，有欲食之心即有食之行來看，更是知行合一並進的。這一點，顧東橋與陽明差異不大，眞正的差異在陽明強調的「知行本體」是否有「專求本心，遂遺物理」之弊。對此，陽明的解說是：

> 心之體，性也。性即理也。故有孝親之心，即有孝之理，無孝親之心，即無孝之理矣。……理豈外於吾心邪？晦菴謂人之所以爲學者，心與理而已，心雖主乎一身，而實管乎天下之理，理雖散在萬事，而實不一外乎一人之心，是其一分一合之間，而未免已啓學者心理爲二之弊。……外心以求理，此知行之所以二也，求理於吾心，此聖門知行合一之教。（註一四）

由此可知，知行本體是「此心無私欲之蔽，便是天理」的本心，依此本心而發是性也是理，心理打成一片，心可與超越天理相合，則可「求理於吾心」，故「有孝親之心，即有孝親之理」，知行合一之說於焉成矣。此亦證明「知行合一」說是陽明「心即理」說進一步的理論發揮與工夫指點。而朱子正因爲只認定性即理，此理爲超越而普遍，心爲氣之靈屬形而下，不能是性亦不能是理，故心性、心理皆析而爲二（註一五），才有陽明所謂「其一分一合之間，而未免已啓學者心理爲二之弊」。所以，當顧東橋舉朱子即物窮理之說以疑陽明之非時，陽明更直接了當的說：「致知格物者，致吾心之良知於事事物物也，吾心之良知即所謂天理也，致吾心良知之天理於事事物物，則事物皆得其理矣，……是合心與理而爲一者也。」（註一六）。可見就知行本體來看，知行合一的根據是心即理，也就是良知。在良知的遍潤無方下，知行乃有圓融並進的關係。

於是，陽明就顧東橋所問是否要經「學問思辨，以明天下之理」，而發揮其說曰：

夫問思辨行，皆所以爲學；未有學而不行者也。如言學孝，則必服勞奉養，躬行孝道，然後謂之學。豈徒口耳講說，而遂可謂之學孝乎？學射則必須張弓挾矢，引滿中的。學書則必伸紙執筆，操觚染翰，盡天下之學，無有不行而可言學者；則學之始固已即是行矣。篤者，敦實篤厚之意；已行矣，而敦篤其行，不息其功之謂爾。蓋學之不能以無疑，即有問；問即學也，即行也。又不能無疑，即有思；思即學也，即行也。又不能無疑，則有辨；辨即學也，即行也。辨既明矣，思既愼矣，問既審矣，學既能矣，又從而不息其功焉，斯謂之篤行。非謂學問思辨之後，而始措之於行也。是故以求能其事而言，謂之學；以求解其惑而言，謂之問；以求通其說而言，謂之思；以求精其察而言，謂之辨；以求履其事而言，謂之行。蓋析其功而言則有五，全其事而言則一而已。此區區心理合一之體，知行並進之功，所以異於後世之說者，正在於是。今吾子特舉學問思辨以窮天下之理，而不及篤行；是專以學問思辨爲知，而謂窮理爲無行也已。天下豈有不行而學者耶？豈有不行而遂謂之窮理者耶？明道云：「只窮理，便盡性至命。」故必仁極仁，而後謂之能窮仁之理；義極義，而後謂之能窮義之理。仁極仁，則盡仁之性矣；義極義，則盡義之性矣。學至於窮理，至矣！而尚未措之於行，天下寧有是耶？是故，知不行之不可以爲學，則知不行之不可以爲窮理，則知知行之合一並進，而不可以分爲兩節事矣。夫萬事萬物之理，不外於吾心；而必曰窮天下之理，是殆以吾心之良知爲未足，而必外求於天下之廣，以裨補增益之，是猶析心與理而爲二也。夫學問思辨篤行之功，雖其困勉至於人一己百，而擴充之極，至於盡性知天，亦不過致吾心之良知而已。良知之外，豈復有加於毫末乎？今必曰窮天下之理，而不知反求諸心，則凡所謂善惡之幾、眞妄之辨者，舍吾心之良知，亦將何所致其體察乎？吾子所謂氣拘物蔽者，拘此蔽此而已。今欲去此之蔽，不知致力於此，而欲以外求，是猶目之不明者，不務服藥調理以治其目，而徒倀倀然求明於其外，明豈可自外而得哉？任情恣意之家，亦以不能精察天理於此心之良知而已。（註一七）

此一長文論述知行合一之理甚明。先是舉實際生活中之學孝、學射、學書，以說明學習任何事不可「懸空口耳講說」，故有「學之始固已即是行矣」之「學」「行」合一。

再就「博學、審問、愼思、明辨、篤行」而言，陽明認爲此五者「合其事而言，則一而已」。蓋我人由惑或好奇而問，而思索分辨，都是「學」，也都是實際之「行」。不可將「學、問、思、辨」歸於「知」而與「篤行」分立。可見窮理不專是「知」之事，更不可與「行」分開。這一說法與朱子及顧東橋所言並無不同，而朱、顧二人實更由此說若「行」爲認眞確實去體會、從事爲學之道，當然是學行合一。可是，若「行」指道德踐履，則仍須先有學問思辨之窮理工夫，才能使道德實踐得其正道善果。因此，陽明之特點，在於除就學問思辨言學行合一外，更就道德動機言道德行為與道德行為的依據是「合一並進」的。這才使陽明大不同於朱子，而倡知行合一之說。蓋依陽明來說，道德行為的依據是吾人本固有之的良知，此良知之知能決定吾人行為，是一當然之理，然知之理，則必有行之落實，有所謂「盡性知天，亦不過致吾心之良知而已」，故知行不可析為二矣。

所以，陽明論窮理，乃本明道之「只窮理，便盡性至命。」這是把窮理當成在道德行為中窮盡良知之天理，而為吾人盡性至命之道，而不是把窮理當成窮究外在事物之理也。於是，「仁極仁」就是把良知之「仁之理」無窮的推廣，也就是在吾人具體行為中「致」仁，只要澈底真誠的去「致」，則為「窮仁之理」與「盡仁之性」矣。「窮理」與「致知」或「行」才得相合為一，一時並了。陽明乃就此而言：「凡所謂善惡之幾，真妄之辨者，舍吾心之良知，亦將何所致其體察乎？」蔡仁厚也說，我人在此必須分清，學問思辨之窮理，是窮究外在事物之理，這是實然的知識之學。而良知所知者，則是道德上的是非善惡，是應然之判斷的事（註一七）。明乎此，則可知陽明是將學行合一歸於致良知，並不是泛論知識與實踐之關係，而是論述道德實踐之本源也。故牟宗三亦說：「知行合一者，心之靈覺天理與身之行為歷程圓融而無間以成斯全體透明而無隱曲之天理流行也。此直而無曲，圓而無缺，盈而無虛之教也。」（註一八）。此正可看出陽明知行之間的關係為圓融並進之關係也。

若問陽明圓融並進的知行關係是否真有顧東橋所謂「專求本心，遂遺物理」之弊？陽明可答曰：

> 聖人無所不知，只是知個天理；無所不能，只是能個天理。聖人本體明白，故事事知個天理所

在，便去盡個天理；不是本體明後，卻於天下事物，都便知得、便做得來也。天下事物，如名物度數，草木禽獸之類，不勝其煩；聖人須是本體明了，亦何緣盡知得？但不必知的，自不消去知；其所當知的，聖人自能問人。如子入太廟，每事問之類。先儒解爲雖知亦問，敬謹之至。此說不可通。聖人於禮樂名物不必盡知，然他知得一個天理，便自有許多節文度數出來。不知而能問，亦即是天理節文所在。（註一九）

蓋外界衆多事物之理，聖人亦無法全知。聖人之爲聖只就操持良知天理而言，故若有所不知，而當須知時，聖人自會本乎天理良知判斷去學去問，以助其「仁極仁」。故就此而言，良知本身即圓滿自足，知得此理，「便自有許多節文度數出來」。又何來「遺物理」之弊？此亦證陽明知行關係確爲圓融並進者，也確是圓融統觀思想之發揮。

第三節　致良知與知行合一之體用無間

陽明「知行合一」說有不同工夫指點上的進展，然最後歸於致良知時，因良知本身便是道德創發的主體，說一「知」字，即已涵蓋了「知」、「行」二者，使動靜內外二端在知善知惡、好善惡惡、爲善去惡之中，有易傳所云：「體用一原，顯微無間。」之意，知行合一之說乃眞正圓融成熟。

陽明知行合一的體用無間特色，可以從知行合一重身心上做實地工夫看得極其明顯。此如陽明弟子陸澄問怕鬼之事，陽明即答曰：「只是平日不能集義，而心有所慊，故怕。若素行合於神明，何怕之有？……故有迷之者，非鬼迷也，心自迷耳。」（註二〇）。可見，怕不怕鬼，會不會被鬼迷，全在自己心是否有所慊。而平日集義，使無一毫虧欠，就是身心實地下工夫的結果。陽明知行合一說根本宗旨就是在指點吾人處處做這種「素行合於神明」的工夫。而這種平日集義的工夫，不但是在自己身心上做，更必須是具圓融統觀特色身心完整的工夫。故傳習錄上有：

> 日孚曰：先儒謂一草一木，亦皆有理，不可不察，如何？先生曰：夫我則不暇。公且先去理會自己性情。須能盡人之性，然後能盡物之性。日孚悚然有悟。（註二一）
>
> 先生曰：凡飲食只是要養我身，食了要消化，若徒蓄積在肚裡，便成痞了，如何長得肌膚？後世學者博聞多識，留滯胸中，皆傷食之病也。（註二二）

所謂「食了要消化」，表示博聞多識若爲口耳之學與己毫不相干，就不是知行合一。而專注於一草一木之理的博聞多識，不去「理會自己性情」，亦非身心完整的工夫。在陽明此種說明中，我人須先了解身心下工夫的知行合一，是從「知行本體」立論的，是以良知之即知即行而指點身心完整的工夫。陽明晚年曾說：「若是知行本體，即是良知良能。」（註二三）。可見，陽明所謂的知行是就無私欲蔽障的本心發用而說的，此無私欲之蔽的心是天理，其表現出來就是即知即行的，這種發用的心就是「知行本體」。因此，陽明才會說：

> 只要解心，心明白書自然融合。若心上不通，只要書上文義通，卻自生意見。（註二四）

夫求理於事事物物者，如求孝之理於其親之謂也。求孝之理其果在於吾之心邪？抑果在於親之身邪？假而果在於親之身，則親沒之後，吾心遂無孝之理歟？（註二五）

陽明此處所論是有關心即理者，然亦可用於說明知行合一的道理。蓋無論讀書求學或孝親忠君，主要在於本心之操持發用，理固在心中，心之意念若無私欲遮蔽，即可將「知行本體」表現落實出來，良知所向，貫徹於行，是謂知行合一也。因此，從陽明晚年思想可知，其力言心體是知，知貫於行，乃體用無間之知行本體。主宰是心，稟賦爲性，能主宰的天賦，是道德行爲的根源，謂之心性，心體性體就是知行本體，也就是良知本體。於是知行本體的發用，就是良知之發用流行，其不但舉「知」即包含「行」，更爲舉「體」即包含了「用」，這種體用無間的知行合一，充分顯發出圓融統觀之特色。

就圓融統觀來看陽明知行合一說，可發現陽明知行合一，原意是以即工夫即本體來說明其爲體用一源。因良知本身即爲體又爲用，故從致良知論知行合一，更是體用無間的，有時就是不談用，亦因知行合一已含蘊在體中，而仍爲知行合一。但是這卻使不會其意者有若干誤會，以爲空論心體流弊必多。此如陽明提誠意爲修行之本時顧東橋就云：

近時學者，務外遺內，博而寡要，故先生特倡誠意一義，針砭膏盲，誠大惠也。但恐立說太高，用功太捷，後生師傅，影響謬誤，未免墜於佛氏明心見性定慧頓悟之機，無怪聞者見疑。

陽明乃回答曰：

區區格致誠正之說，是就學者本身日用事爲間，體究踐履，實地用功，是多少次第，多少積累

在，正與空虛頓悟之說相反。（註二六）

這表示顧東橋以爲在身心上做誠意的工夫，雖可補正務外遺內之弊，但類似誠意這種明體工夫，若專在身心上下工夫則「立說太高，用功太捷」，只是一「頓悟之機」，不是實在的工夫。可是，陽明卻以自己所說「是多少次第，多少積累在」的歷鍊所得來反駁顧東橋。蓋陽明曾說「格物以誠意」及「誠意之功只是個格物」，來說明從身心上下工夫「是就學者本身日用事爲間，體究踐履，實地用功，……正與空虛頓悟之說相反。」這亦足證明陽明論修行，不是依賴一個悟字，而是講究事上磨鍊的「即用以明體」。因此，陽明的知行合一說之「知」指的是良知，是體；「行」指的是良知的發用與實現，是用。從良知的自作主宰到良知呈顯於道德行爲，是體貫於用；而從久而久之道德踐履的實地工夫，積善成德，終於天君泰然，臻於良知至善、無入不自得之境，即是由用以明體也。此徹上徹下，一以貫之，即知行合一之體用無間矣。

故從圓融統觀來看，陽明的知行合一說是致良知中體用無間的知行合一。蓋陽明言「知行合一」乃在指出人人都有對是非善惡價值上的感知，他曾說是非只是個好惡。故「知行合一」之「知」並非知識之知，而是良知，即說明良知中，原就有一對善者之好，及對惡者之非。而人類生命之價值，即在一念不昧之良知作主時，已是一「知中之行」，人類的尊貴亦即在順此良知知是知非之好惡中，去好善惡惡是是非非，而不受情識妄念所惑，此亦即爲一爲善去惡，成是去非的「行中之知」。所以，知行之「合一」，必須與良知之「致」關連在一起說（註二七）。因此，致良知中之知行，是炤明之知融於篤行，篤行之踐履則反顯炤明之知與天理，故致良知教必然即是知行合一。一言知行合一，則已是體用顯微無間、理事圓融無礙。牟宗三所說：「至乎良知中之知行合一，則知行即無分于難易矣。此不可不察也。」（註二八），正是此理。陽明對此亦曾說：

所謂生知安行，知行二字亦是就用功上說，若是知行本體即是良知。（註二九）

知之眞切篤實處即是行，行之明覺精察處即是知。知行工夫本不可離，只爲後世學者分作兩截用功，失卻知行本體，故有合一並進之說。眞知即所以爲行，不行不足謂之知。（註三〇）

可惜世人多不能眞心於身心做實地工夫，不知陽明「知行本體」之意，既無「眞切篤實」之知，亦無「明覺精察」之行，反而從情識妄念出發將所知與所行分成兩截，以爲知是知，而行是行，二者並不合一。例如常人儘管知道待父要孝，事上要敬，交友要信，可是在日常生活中，人又往往不能確實的做到孝、敬、信等。乃誤以爲知與行二者分明不相干。傳習錄上有載：

愛曰：如今人儘有知得父當孝、兄當弟者，卻不能孝、不能弟，便是知行分明是兩件。先生曰：此已被私欲隔斷，不是知行的本體了。未有知而不行者，知而不行，只是未知。聖賢教人知行，正是要復那本體，不是著你只恁的便罷。故大學指個眞知行與人看，說如好好色，如惡惡臭。見好色屬知，好好色屬行。只見那好色時，已自好了；不是見了後，又立個心去好。聞惡臭屬知，惡惡臭屬行。只聞那惡臭時，已自惡了；不是聞了後，別立個心去惡。如鼻塞人雖見惡臭在前，鼻中不曾聞得，便亦不甚惡，亦只是不曾知臭。就如稱某人知孝，某人知弟，必是其人

> 已曾行孝行弟，方可稱他知孝知弟，不成只是曉得說些孝弟的話，便可稱爲知孝弟，又如知痛，必已自痛了，方知痛；知寒，必已自寒了；知饑，必已自饑了。知行如何分得開，此便是知行的本體，不曾有私意隔斷的，聖人教人，必要是如此，方可謂之知，不然只是不曾知，此卻是何等緊切著實的工夫。如今苦苦定要說知行做兩個，是什麼意，某要說做一個，是什麼意，若不知立言宗旨，只管說一個兩個，亦有什用？（註三一）

由此可知，陽明說「知行合一」的宗旨，即在點明知行本體，順此知行本體而不昧不違，則一切行爲都如同大學所謂「如好好色，如惡惡臭」，是極平易極自然，並非見好色後，別立一心念再去好，而是即見即好，無法有前後內外之分也。故知行本體即是良知心體，只有在良知作主時，才是眞知行合一，其自性原本就是一的，於良知心體處，是無法分知分行的。這不是一般所謂精通理論再去實踐，或實踐之心得做理論之修正，這當下只是良知之不昧，所以說，聖人教人只有如此，方可謂之知的。而且唯有從良知處去理解，方能體悟這是一種緊切著實的工夫，否則說什麼知先行後或知後行先，或知行爲一，或知行爲二，都只是枝節之論，無法相應人的生命德行。然而常人爲何又有知而不能行之惑？王陽明以爲這是因爲人不能確實的致良知，而讓私欲隔斷了良知心體。這時的知，已不再是良知的知，而是私欲作祟順軀殼起念之知，良知雖在，亦只能潛伏於心底，而人表面上卻有種種作僞的藉口與遁辭，以狡飾其私欲與妄念。所以陽明說未有知而不行者，因爲良知本身是知也是行，所以就根本而言，知而不行，實只是未知也，此所謂知並非一般說的知曉一個道理，而是良知之知是知非，故豈有知而不能行者。因此必須要有「致良知」的工夫以復其知行本體，若是沒有私欲遮蔽，則人之孝弟之良知，自然能於父母兄長處表現出孝弟之行，如此便是知行合一。亦可說，若能致良知則所行無不合乎天理，其知行正是一體。若人只是在見好色後再立一心去好，則是析知與行爲二，無論其說理如何完備，已有私欲妄念夾雜其間了，不是良知圓融無礙的稱體起用。陽明乃又說：

某嘗說知是行的主意，行是知的功夫，知是行之始，行是知之成。若會得時，只說一個知，已自有行在，只說一個行，已自有知在。（註三一）

所以，說知說行，只是人以言語去形容。若會得時，無論說知或說行，說主意或說功夫，實在只是一物。而能否會得，又在乎能否實實在在的致良知。傳習錄有黃直所記一則：

先生嘗謂：人但得好善如好好色，惡惡如惡惡臭，便是聖人。直初時聞之，覺甚易。後體驗得來，此個功夫著實是難，如一念雖知好善惡惡，然不知不覺又夾雜去了。才有夾雜，便不是好善如好好色、惡惡如惡惡臭的心。善能實實的好，是無念不善矣；惡能實實的惡，是無念及惡矣；如何不是聖人？故聖人之學，只是一誠而已。（註三二）

由上之論說，我人甚至可說陽明論「知行合一」是另一種說明「致良知」的方法。蓋人若眞能無時無刻好善如好好色，惡惡如惡惡臭，便是直道而行，故能心誠而無妄，行直而無曲，良知充份顯露，心體純一不二，如此便是知行貫通爲一，便是復得知行本體，亦是「知行合一」的眞義。牟宗三乃說：「故心理合一，知行合一之教，純在心正意誠，而期於止至善，亦即在成一個人也。……孔門以仁爲宗。千門萬教匯歸於此。」（註三四）。」所以傳習錄上又有：

……或疑知行不合一，以「知之匪艱」二句爲問。先生曰：良知自知原是容易的。只是不能致那良知，便是知之匪艱，行之惟艱。（註三五）

……又問孔子言知及之，仁不能守之，知行卻是兩個了。先生曰：說及之，已是行了，但不能常常行，已爲私欲間斷，便是仁不能守。（註三六）

故致良知中的知行合一，原本是容易的，只因爲不能致良知，所以知善知惡的良知，被情識妄念所動而成爲潛伏，不能具體落實於日常行爲中，知行才分爲二矣。但是就良知而言，知行是通而爲一，基本上知行合一仍是落實於去人欲存天理，使行爲全是德行。故行並非只指已形諸於外的行爲，凡善惡之幾，起乎一念之微，此意念發動處良知自然知之，然順此良知之眞誠必有所好與有所惡，故意念一有萌動，便是行了，故知行本是一而非二的。不在此探得知行合一的宗旨，則一切只是閒言語。傳習錄上又有：

問知行合一。先生曰：此須識我立言宗旨。今人學問，只因知行分作兩件，故有一念發動，雖是不善，然卻未曾行，便不去禁止。我今說個知行合一，正要人曉得一念發動處，便即是行了。發動處有不善，就將這不善的念克倒了，須要徹根徹底，不使那一念不善潛伏在胸中，此是我立言宗旨。（註三七）

……吾子謂語孝於溫清定省，孰不知之，然而能致其知者鮮矣。若謂粗知溫清定省之儀節，而遂謂之能致其知，則凡知君之當仁者，皆可謂之能致其仁之知，知臣之當忠者，皆可謂之能致其忠之知，則天下孰非致知者邪？以是而言，可以知致知之必在於行，而不行之不可以為致知也明矣。知行合一之體不益較然矣乎。（註三八）

此即由良知心體進而指點工夫著力處，所謂一念發動時之不善，必要徹底去除之；而一念好善之心，必實現於生命歷程中，仍是說明不能讓私欲遮斷心體，這才是知行合一立言之宗旨。所以說「致知之必在行」，若不能致知，良知不能致於物，則事物不得其正，亦不能有成，雖知溫清定省之儀則，仍不是陽明心目中之知也，因這種知未必有行，亦即知溫清定省儀則者，未必眞有孝順父母之行。可見陽明論知行合一之宗旨，還是說吾人要實下修養的基本功夫，要在日用常行中處處省察克治，此亦即是致良知也。傳習錄上乃有：

門人問曰：知行如何得合一？且如中庸言博學之，又說個篤行之，分明知行是兩件。先生曰：博學只是事事學存此天理，篤行只是學之不已之意。（註三九）

今人卻將知行分作兩件去做，以為必先知了，然後能行。我如今且去講習討論做知的工夫，待知得眞了方去做行的工夫。故遂終身不行，亦遂終身不知，此不是小病痛。（註四〇）

由此可知，陽明提倡知行合一的動機，還是在前已論說過之不契於朱子知先行後說。朱子以博學審問愼思明辨在先，屬於知；篤行在後，屬於行。知及之在先，屬於知；仁能守之在後，屬於行。格物致知屬於知在先，誠正修（內在的行）及齊治平（外在的行）在後屬於行。因此倡「論先後，知為先」說。陽明認爲知先行後說，可以使人終身不行，故主張吾人只要依據道德自覺之良知心體，一旦良知發用，便立刻可克除私欲妄念，直接遵循良知天理的命令而產生道德的行爲，這就把修行門徑之「知入」、「行入」的爭執解決，此即爲「知行合一」也。當然，陽明對所謂「知入」、「行入」的爭執，也有相應的了解，他曾說：

古人所以既說一個知，又說一個行者，只爲世間有一種人懵懵懂懂的，任意去做，全不解思惟省察，也只是個冥行妄作，所以必說個知，方纔行得是。又有一種人茫茫蕩蕩，懸空去思索，全不肯著實躬行，也只是個揣摸影響，所以必說一個行，方纔知得眞。（註四一）

這表示，強調「知入」或「行入」也有其不得已之處，同是因病付藥，但是，陽明的知行合一卻更能以圓融統觀之理，超出「知入」、「行入」的爭執。此亦即陽明何以針對知行孰重的爭執要說他的修行工夫是「本體功夫」，如：「功夫不離本體，本體原無內外。只爲後來做功夫的分了內外，失其本體了。如今正要講明功夫不要有內外，乃是本體功夫。」（註四二）

這是對陽明知行合一最簡單最通徹的說明，蓋知行合一說並非玄想虛構之理論，而是良知在知是知非時，自自然然地去「致」之也。所以可說致良知正所以爲知行合一，內容完全一樣。故所謂有不善未嘗不知，而知之則絕不再行，此是一嚴肅尊貴的道德實踐，所以陽明本體功夫的話，是指若以良知之知來決定行爲之該或不該，則行必隨之以起，行即在其中矣，此爲知行不能分說之原因也。如是才沒有懵懂或茫蕩之人。這種知行合一乃爲體用無間，其去念之不善，如斬鐵截釘一般，當下即是，非謂今日知之，明日再行也。

因此我們行事，只要以至誠去力行，就必能篤行實踐。唯有篤行實踐，纔能算是知行合一。這樣的實踐，纔能事事精益求精，實事求是，且必終始專一，貫徹到底，就決不會有粉飾張皇，苟且敷衍的習氣，這樣的實踐力行，纔能不畏難，唯有不畏難的去行，才能就我們本性發揮良知良能，並以至誠來篤行貫徹。這種力行實踐不僅是事業成功的因素，更是道德的標準。此即說明本心之良知是知，是我們的天性；而精益求精，貫徹始終，則是發揮我們的天性，由力行實踐，而把良知之天理致實功於事物上，此是行。所以知行工夫本不可離，人類一切道德價值皆在力行中而得成就，人於此方能眞正安身立命，才不會有行動與心意的不一致。而所謂行動與心意不能一致。就是知行不合一。任其行動與心意不一致，就是不能致良知。反之，努力使行動與心意一致，努力使知行合一，就是致良知。就是力行。可見唯有從力行與致良知著手，才能涵養至誠篤實的心志，則心之靈覺昭明的天理，圓而無缺的表現在行爲舉止，其圓滿無礙，一一相應處，正成就天理全體之流行也。於是，陽明知行合一說乃全然表現出圓融統觀之特色也。

總而言之，知行合一的結果是天道的普遍圓滿實現，是良知之徧潤無方，亦即人生意義的實踐。故由知行合一，則處處是良知的體露，就不會知善而不行善，知惡而不去惡，亦不會沈滯不進，畏難苟且。蔡仁厚乃說：「陽明講『知行合一』，雖爲救時弊而發，卻不是只在效驗上說，而是知行之體本來如此，知行工夫本不可離。一切道德價值，皆在知行合一中而成就。」（註四三）。而此亦表示我人從陽明體用無間知行合一說，可以看出其係對圓融統觀思想有所發揮，而成就這種知行工夫本不可離的學說。

【附註】

註　一　參閱鄧元忠，王陽明聖學探討，台二版（台北：正中書局，民國七十一年），第五章。
註　二　王陽明，「傳習錄」，陽明全書，前揭書，卷三，頁一一下。
註　三　同上註，卷一，頁九上。
註　四　同上註，卷一，頁一二下。
註　五　同上註，卷一，頁一二上。
註　六　同上註，卷一，頁一一上。
註　七　同上註，卷一，頁一〇上。
註　八　鍾彩鈞，王陽明思想之進展，前揭書，頁六三。
註　九　同註二，卷三，頁一二上至下。
註一〇　同註二，卷二，頁二至三。
註一一　可參閱賈銳，朱晦菴及王陽明二氏學術思想之比較研究，二版（台北：中國學術著作獎助委員會，民國七十年），頁一〇八至一一二。

註一二　同註二，卷二，頁三上。

註一三　Michael Polanyi, The Study of man (London: Routledge, 1959), P.13.

註一四　同註二，卷二，頁三下。

註一五　參閱蔡仁厚，王陽明哲學，前揭書，頁一六五至一六六。

註一六　同註二，卷二，頁五上。

註一七　同註一五，頁五一。

註一八　牟宗三，王陽明致良知教，前揭書，頁一六。

註一九　同註二，卷二，頁六下。

註二〇　同上註，卷一，頁一三上。

註二一　同上註，卷一，頁二六上。

註二二　同上註，卷三，頁五上。

註二三　同上註，卷二，頁二三上。

註二四　同上註，卷三，頁四下。

註二五　同上註，卷二，頁五上。

註二六　同上註，卷二，頁二上。

註二七　同註一五，頁五四。

註二八　同註一八，頁一九。

註二九　同註二，卷二，頁二三上。

註三〇　同上註，卷二，頁三上。

註三一　同上註，卷一，頁三下。

註三二　同上註，卷一，頁四上。

註三三　同上註，卷三，頁七上。

註三四　同註一八，頁一九。

註三五　同註二，卷三，頁二四上。

註三六　同上註，卷三，頁二四下。

註三七　同上註，卷三，頁六上。

註三八　同上註，卷二，頁九上。

註三九　同上註，卷三，頁二四上。

註四〇　同上註，卷一，頁四上。

註四一　同上註。

註四二　同上註，卷三，頁三上。

第五章　陽明致良知說之圓融統觀

良知的概念源自孟子，致知則爲大學一書中之基本概念。陽明哲學就其形成的過程言，明顯地繼承了深受孟學影響的陸象山心學傳統。可是陽明因又受到宋代以來程朱論學以大學爲重的影響，他的思想理論架構也多以大學一書爲據。龍場之悟，使陽明對格物的解釋與朱子不同，也使陽明把大學論學的重點放置在「誠意」上，認爲「大學工夫只是個誠意」。一直到提出「致良知」說，陽明才發揮圓融統觀把孟子之良知與大學之致知結合起來，而能透過致知來說明心學的基本義理。對這一點，我們可對照陽明五十歲所寫之「大學古本序」與其四十七歲所寫者之不同，作下述之分析：

大學之要，誠意而已矣！誠意之功，格物而已矣！誠意之極，止至善而已矣！「止至善之則，致知而已矣！」（按，此句原序無。）正心，復其體也；修身，著其用也；以言乎己，謂之明德；以言乎人，謂之親民；以言乎天地之間則備矣！是故至善也者，心之本體也；動而後有不善，「而本體之知，未嘗不知也。』（按，此句原序無。）意者其動也，物者其事也，「致其本體之知，而動無不善，然非即其事而格之，則亦無以致其知」。故致知者，誠意之本也；格物者，致知之實也。物格則知致意誠，而有以復其本體，是之謂止至善。」（按，原序作：「格物以誠意，復其不善之動而已矣！不善復而體正，體正而無不善之動矣！是之謂止至善。」）聖人懼人之求之於外也，而反覆其辭，舊本析而聖人之意亡矣！是故不「務」（按，原序作「本」）之誠意，而徒以格物者，謂之支；不事於格物，而徒以誠意者，謂之虛；「不本於致知，而徒以格物誠意者，謂之妄。」（按，此句原序無。）支與虛「與妄」（按，二字原序無。）其於至善也遠矣！合之敬而益綴，補之所以傳而益離。吾懼學之日遠於至善也，去分章而復舊本，傍爲之什，以引其意。庶幾復見聖人之心，而求之者其有要。噫！「乃若致知則存乎心悟，致知焉盡矣！」（按，原序作：「罪我者其亦以是矣夫！」）（註一）

根據兩序的差異，可以清楚得知陽明晚年思想，致知才是主腦，格物誠意是工夫，所謂「不本於致知，而徒以格物誠意者，謂之妄」，正是以致知爲本。這證明陽明哲學利用大學一書爲表達形式的工夫理論，在此確實發生了變化調整，也看出「致良知」是陽明哲學發展的最後型態，對整個中晚明哲學思潮的開展有著重大的影響（註二）。

第一節 致良知說的提出

陽明曾說：「吾良知二字，自龍場以後，便已不出此意，只是點此二字不出，與學者言，費卻多少辭說，今幸見出此意，一語之下，洞見全體，眞是痛快。」（註三），這表示良知之概念是從龍場之悟起就已具備的，只是「點此二字不出」而已。而弟子黃綰則說其：「甲戌陞南京鴻臚寺卿，始專以良知之旨訓學者。」（註四）。依黃綰所言，陽明是於明正德九年，四十三歲時即言良知之旨。可是錢德洪等弟子編撰年譜時，卻說正德十六年辛巳，「先生五十歲，在江西」，「是年先生始揭致良知之教」（註五）。這些說法表面上相互矛盾，但如果我人仔細論究則知並無矛盾。蓋陽明自正德三年龍場之悟提出「心外無理」之後，便認定至善天理在於本心，這與後來所說的「良知便是天理」，在思想義理上並無任何不同。可見，陽明思想的大方向在龍場之悟時即已確立，只是表達的方式、探索淺深與所得圓融成熟程度上有所不同而已。此即錢德洪所說之：「先師始學，求之宋儒不得入，因學養生而沈酣於二氏，恍若得所入焉。至龍場，再經憂患，而始豁然大悟良知之旨，自是出與學者言，皆發誠意格物之教，……辛巳以後，經寧藩之變，則獨信良知，單頭直入。」（註六）。故陽明從龍場之後，所提出的心外無理、心理合一、誠意、事上磨鍊、知行合一等都是同一義理不同層面的說明。但是這些不同層面的說明，自也有其意境之不同，此即陽明所說：「吾所學，前後進詣不同。」（註七）。簡單來說，心即理所謂之心外無理，強調的是道德主體，論述的重點在心體；知行合一若不與致良知相結合，則多爲工夫指點，心體論述較少；唯在提致良知時，本體工夫才圓融統攝、同時並了，而更能表現出「全體在用，全用是體」的圓融統觀意旨。

從這個觀點來看，陽明致良知的主張確實是很早就潛藏在其思想中的。無論是從龍場到南京鴻臚，都有涉及良知的說法。迨提倡知行合一時，所謂：「知是心之本體，心自然會知，見父自然知孝，見兄自然知弟，見孺子入井自然知測隱，此便是良知，不假外求。……然在常人不能無私意障礙，所以須用致知格物之功，勝私復禮，即心之良知更無障礙，得以充塞流行，便是致其知，知致則意誠。」（註八），就是把良知當成知行本體，而且也突出了知比意更爲優先的意思。因此，類似「意之本體便知」及「充拓的盡，便完完是他本體，便與天地合德」（註九），都已顯示良知說的潛在了。

再者，嘉靖二年陽明曾云：

> 致知二字是千古聖學之秘，向在虔時終日論此，同志中尚多有未徹。近於古本序中改數語，頗發此意，然見者往往亦不能察。……此是孔門正法眼藏，從前儒者多不曾悟到，故其說卒入於支離。（註一〇）

此處所謂「於古本序中改數語」，已見前論。然此處更重要一句話是「向在虔時」，因爲依陽明年譜來看，他是在正德丁丑正月巡撫南贛，到戊寅平三俐，常居於虔，可是辛巳那年，陽明未曾居住於虔。而且陽明自言己卯江西平寧藩之亂後，即倡致良知說，然平亂之後，他只在庚辰夏季居過虔。由此看來，「向在虔時終日論此」一句，表明致良知說應是四十九歲庚辰年之時所揭示，年譜所言辛巳「始揭致良知之教」並不正確。此時傳習錄上也可找到證明，如：

> 庚辰往虔州再見先生，問：近來功夫雖若稍知頭腦，然難尋個穩當快樂處。先生曰：……此間有個訣竅。曰：請問如何？曰：只是致知。曰：如何致？曰：爾那一點良知，正是爾自家底準

則。……我亦近年體貼出來如此分明。（註一一）

在虔與于中謙之同侍，先生曰：人胸中各有個聖人，只自信不及都自埋倒了。……又論良知在人隨你如何不能泯滅，雖盜賊亦自知不當爲盜。（註一二）

虔州將歸，有詩別先生云；良知何事繫多聞，妙合當時已種根，好惡從之爲聖學，將迎無是乾元。先生曰：若未來講此學，不知說好惡從之從個什麼？（註一三）

陳九川在傳習錄中所記載的這幾段記錄，都與陽明自謂：「在虔終日論此」完全吻合。這表示陽明揭示致良知教確實應爲庚辰年。

然不論提良知的確實日子爲何，總體來看，致良知教對陽明而言，固是教法的精進改變，更表示陽明思想在歷經考驗後已日趨成熟圓融，所以陽明對良知是充滿信心與欣喜的。他嘗說：「某于良知之說，從百死千難中得來，非是容易見得到此。」（註一四）。此外，庚辰年在虔州時曾說：

這些子看得透徹，隨他千言萬語，是非誠僞，到前便明。合得便是，合不得便非。如佛家說心印相似，眞是個試金石、指南針。（註一五）

人若知這良知訣竅，隨他多少邪思枉念，這裏一覺都自消融，眞個是靈丹一粒、點鐵成金。（註一六）

此致知二字，眞是個千古聖傳之祕，見到這裏，百世以俟聖人而不惑。（註一七）

辛巳之後，陽明對良知所信愈篤、所見愈精，故屢屢言到：

區區所謂致知二字，乃是孔門正法眼藏，於此見得眞僞，眞是建諸天地而不悖，質諸鬼神而無疑，考諸三王而不謬，百世以俟聖人而不惑。（註一八）

致知之說，鄙見恐不可易，亦望老兄更一致意，便間示知之，此是聖學傳心之要，於此既明，其餘皆洞然矣。（註一九）

心之良知是謂聖，聖人之學惟是致此良知而已。……是故致良知之外，無學矣。自孔孟既沒，此學失傳幾千百年，賴天之靈，偶復有見，誠千古之一快，百世以俟聖人而不惑者也。（註二〇）

嘉靖之後，陽明更是專以致良知爲教，不但聽者都有所得，他自己也身體力行、發揮得淋漓盡致。此如：

比遭家難，工夫極費力，因見得良知兩字比舊愈加親切。（註二一）

某近來卻見得良知兩字，日益眞切簡易。（註二二）

近有鄉大夫請某講學者，云：除卻良知還有什麼說得？某答云：除卻良知還有什麼說得！（註二三）

晚年出征思田途中，還寫信指點其子說：「吾平生所學，只是致良知三字。」（註二四），再配合年譜所記之：「自經宸濠忠、泰之變，益信良知，眞足以忘患難出生死，所謂考三王，建天地，質鬼神，俟後聖，無弗同者。乃遺書守益曰：近來信得致良知三字，眞聖門正法眼藏，往年尚疑未盡，今自多事以來，只此良知無不具足。譬之操舟得舵，平瀾淺瀨，無不如意。雖遇顚風逆浪，舵柄在手，可免沒溺之患矣。」（註二五）。此都可看出陽明之歷練成熟，與對良知信悟的眞切。而陽明之聖學至此大成，而致良知一語，不僅爲其一生思想之總持，亦爲發揮圓融統觀之總持。無怪乎陽明最後遺言爲：「此心光明，亦復何言？」正是其實致良知之下人格慧見的最後證言。

第二節　良知的內涵

一、良知即是非之心

「良知」的觀念出自孟子。孟子盡心篇上有：「孟子曰：人之所不學而能者，其良能也；所不慮而知者，其良知也。孩提之童，無不知愛其親者；及其長也，無不知敬其兄也。」根據這個說法，良知係指與生俱來，先天本有不待學慮的道德意識與道德情感，故不必依賴外在環境，自然有愛親敬兄之心。陽明早歲曾學仙釋，之所以仍轉回儒家，就在於這份愛親敬兄的良知。可見他對良知體認的深刻，他也曾仿孟子之言而說：

知是心之本體。心自然會知，見父自然知孝，見兄自然知弟，見孺子入井自然知惻隱，此便是良知，不假外求。若良知之發，更無私意障礙，即所謂充其惻隱之心，而仁不可勝用矣！然在常人不能無私意障礙，所以須用致知格物之功，勝私復禮，即心之良知更無障礙，得以充塞流

行，便是致其知。知致則意誠。（註二六）

陽明此處明顯是繼承孟子思想而立說的。但比較不同的是，他把孟子良知說放到大學的系統中去講。大學一書所講的致知並未明指是孟子的良知，陽明本人的古本大學原序也是以誠意爲主，未提及良知。這表示孟子的良知與大學原是可分爲兩不同系統去講的，但陽明在此卻把良知與大學結合起來，透過這種理論結合來發揮致良知說。徐階即曾說：「唯文成公奮起聖遠之後，慨世之言致知者，求知於見聞，而不可與酬酢，不可與佑神。於是取孟子所謂良知，合諸大學，以爲致良知之說。」（註二七）

陽明既是結合孟子之良知與大學來建立致良知說，故其良知一詞之意涵自然要比孟子豐富。詹季惠曾說，孟子之良知只是不慮而知的仁義善性，並未獨立成一主要宗旨（註二八），但是陽明卻從對大學系統中另行體認出「知」的意義，且將之包含在「良知」一詞中（註二九）。而其中最特殊者，是陽明認爲良知四端可以歸結爲「是非之心」，從而特別強調良知即是非之心的意義，這也可說是孟子哲學的進一步發展，也是陽明貢獻。

對良知即是非之心，陽明曾明確指出：

> 爾那一點良知，是爾自家底準則。爾意念著處，他是便知是，非便知非，更瞞他一些不得。（註三〇）

> 孟子之是非之心，知也；是非之心人皆有之，即所謂良知也。（註三一）

> 良知只是個是非之心，是非只是個好惡，只好惡就盡了是非，只是非就盡了萬事萬變。（註三

夫良知者即所謂是非之心，人皆有之，不待學而有，不待慮而得者也。（註二三）

由以上可，良知對陽明來說，代表了人的內在道德判斷的標準，是我人意識結構中的一個獨立部分，具有指導、督正、判斷的作用，所以陽明乃說良知即是非之心。

二、良知即至善天理

陽明中年時期指點學人修行是以誠意爲教，這種誠意之教是要學者在心念發動處做存天理去人欲的實地工夫。故陽明曾說：

持志如心痛，一心在痛上，豈有工夫說閒話，管閒事。（註二四）

這是說人只要一心去存天理去人欲即可有成，但陽明後來又改變口氣說：

侃問：持志如心痛，一心在痛上，安有工夫說閒話，管閒事？先生曰：初學工夫如此用亦好。但要使知出入無時，莫知其鄉，心之神明，原是如此，工夫方有著落。若只死死守著，恐於工夫上又發病。（註二五）

這是說修行工夫必須不變隨緣，又要隨緣不變，若只在心上死守天理，就有執著之心，工夫上就會發病，認爲只有天理重要而會與隨緣顯現的言語事爲相隔絕、相對立。因此，陽明認爲「初學」之後，更要把此種執著去掉，要能「出入無時，莫知其鄉」。在這個理念下，陽明又曾指出：

惟乾問：孟子言執中無權猶執一。先生曰：中，只是天理，只是易。隨時變易，如何執得？須是因時制宜，難預先定一個規矩在。如後世儒者，要將道理一一說得無罅漏，立定個格式，此正是執一。（註三六）

陽明說眞正的中只是天理，只是變易，沒有固定格式。此與老子「道可道非常道」，及佛學金剛經「應無所住而生其心」的道理是相通的，都是去除執著之意。但是，陽明亦知不提天理，修行工夫更無所本，這比提天理造成之執著流弊更大。遂用良知來表徵天理，而又以「天理之昭明靈覺」之說指點學者，使人不會流於執著死守，故說：

良知是天理之昭明靈覺處，故良知即是天理，思是良知之發用，若是良知發用之思，則所思莫非天理矣。良知發用之思自然明白簡易，良知亦自能知得，若是私意安排之思，自是紛紜勞擾，良知亦自會分別得。蓋思之是非邪正良知無有不自知者。（註三七）

心者，身之主也；而心之虛靈明覺即所謂本然之良知也。（註三八）

蓋良知只是一個天理自然明覺發見處，只是一個眞誠惻怛。（註三九）

陽明所謂「天理之昭明靈覺」，一方面揭示天理的超越義，一方面表示這個靈覺不是一般認識知覺，而是能使吾人見父自然知孝的規範與現行靈覺。故所言「虛靈明覺」的良知，係指良知爲心念發動的知覺時，自然隨心念所在明辨是非，體現天理，而無執著死守固定格式之病，這亦即圓融統觀所言即活動即存有，即超越即內在之意。故陽明始能肯定良知即至善天理，使較籠統的「心即理」說的眞正意涵更得彰顯。因此，陽明乃又說：

天命之謂性，命即是性；率性之謂道，性即是道；修道之謂教，道即是教。問：如何道即是教？曰：道即是良知，良知原是完完全全，是的還他是，非的還他非，是非只依著他，更無有不是處，這良知還是你的明師。（註四〇）

天理在人心，亙古亙今無有終始，天理即是良知。（註四一）

先生曰：先天而天弗違，天即良知也；後天而奉天時，良知即天也。（註四二）

鄙夫自知的是非，便是他本來天則。（註四三）

明道云：吾學雖有所受，然天理二字卻是自家體認出來。良知即是天理，體認者，實有諸己之謂耳。（註四四）

由此可知，我人心體的靈明是良知，體認天理到深處就會轉成致良知，故年譜五十歲條亦記有：

先生自南部以來，凡示學者，皆令存天理去人欲以爲本。有問所謂，則令自求之，未嘗指天理爲何如也。間語友人曰：近欲發揮此，只覺有一言發不出，津津然如含諸口，莫能相度。久乃曰：近覺得此學更無有他，只是這些子了，此更無餘矣。旁有健羨不已者，則又曰：連這些子亦無放處。今經變後，始有良知之說。

這表示陽明從令學者存天理去人欲、自求天理，逐步深入，到「只是這些子」、「連這些子亦無放處」，然後眞正立足在天理昭明靈覺處，始有體用一源的良知即至善天理的所得。這是體認天理工夫的眞正成熟，於是乃全力提倡致良知教。

三、良知是道德實踐的真幾

陽明無論是倡誠意或知行合一都是在指點道德實踐，希望學者在心念發動處，能實地存天理去人欲，將天理貫澈於現行中。但這裏有一前提，那就是如何確保心念所發之意是善者。換言之，意本身並不能自作判斷，必須在意之上有一物指導、判斷意之善惡，道德實踐才能眞正成就。從這一點來看，陽明對良知與意念的區別是很重視的，此如：

意與良知當分別明白，凡應物起念處皆謂之意，意則有是有非，能知得意之是非者，則謂之良知，依得良知即無有不是矣。（註四五）

心者，身之主宰也；而心之虛靈明覺即所謂本然之良知也，其虛靈明覺之良知應感而動者謂之意，有知而後有意，無知則無意矣，知非意之體乎？（註四六）

以主宰而言謂之心，以其主宰之發動處而言謂之意，以其發動之明覺而言則謂之知，以其明覺之感應而言則謂之物。（註四七）

陽明此處用語不一，然推其意是說「應物起念」的是一般常人所有的「意」，此時之意是有善有惡、有是有非的，這個意與虛靈明覺良知應感而動所成之「意」是不同的，後者是「有知而後有意，無知則無意矣」。故心發動之明覺是良知，也是「意之體」，「能知得意之是非」。這樣一來，不但

「意」與「知」的關係得以分辨，陽明更有道德實踐之指點：

> 善念發而知之而充之，惡念發而知之而遏之。知與充遏者志也，天聰明也。聖人只有此，學者當存此。（註四八）
>
> 良知者，孟子所謂是非之心，人皆有之者也。是非之心不待慮而知，不待學而得，是故謂之良知，是乃天命之性，吾心之本體自然靈明昭覺者也。凡意念之發，吾心之良知無有不自知者。其善歟惟吾心之良知自知之，不善歟亦惟吾心之良知自知之。（註四九）

根據這個說法，良知的作用並不只是使我人產生善的意念，更是我人意念分別善惡的內在最高判斷，是道德行爲的最高保證。故存天理去人欲道德行爲的關鍵，就是在意念發動時，即能知其善惡眞相，然後去充之或去遏之，陽明稱此爲「天聰明」或「是非之心」，都只是良知的代名詞也。蓋根據良知，我人意念所著，是善是惡、是是是非皆可一目了然，這就是何以說良知是道德實踐眞幾之意。

傳習錄上有一段記載也可證明此理：

> 己卯，歸自京師，再見先生於洪都。先生兵務倥傯，乘隙講授。首問近年用功何如？九川曰：近年體驗得明明德功夫只是誠意。自明明德於天下，步步推入根源到誠意上，再去不得。如何以前又有格致工夫？後又體驗，覺得意之誠僞，必先知覺乃可。以顏子有不善未嘗知之，知之未嘗復行爲證，豁然若無疑。（註五〇）

所謂「意之誠僞，必先知覺乃可」，正表示良知居意念的上一層。故說誠意或存天理去人欲，多是就常人一般意念發動所著處去省察克治。唯說致良知或致良知下的知行合一，才是就意念之上的良知立言。從圓融統觀來看，這時的意念是受虛靈明覺良知所主宰，於是良知不但是心體，也是心之主宰發動處的意念，二者是圓融通貫的。故良知無時無所不在，又無絲毫勉強，所以說致良知。實在比說誠意、存天理去人欲更為具體而精確簡要。由此而益見良知是道德實踐的眞幾。

四、良知與道德情感的自足

陽明所言之良知，雖是道德判斷的是非之心，但亦可說是一種道德情感的體驗。這種道德情感的體驗，是極其自然的，凡合乎道德法則的思想意念和行為就會引起欣慰自足，凡不合道德律則的思想意念和行為就會引起羞愧不安的心情。這其間縱使外人不知，然略有私意作祟即非良知作主，而會有愧於心，這種心情是每個人自知的。此如陽明所說之：

> 當棄富貴即棄富貴，只是致良知；當從父兄之命即從父兄之命，亦只是致良知。其間權量輕重，稍有私意，於良知便自不安。（註五一）
>
> 集義只是致良知，心得其宜為義，致良知則心得其宜矣。……昔人亦有為手足之情受污辱者，然不致知此等事於良知，亦自有不安。（註五二）

這表示人若不依良知指引，而屈從私利時，人內心自然會體驗到一種「不自安」感。凡人有這種「不自安」感時，就表示此時，心不得其宜，人於此看透，順其好善惡惡的道德情感，才有道德行為可言，心才能復得其安。陽明這種說法，其實是儒家的老傳統，儒家說仁道義，都是奠基在內心活活潑潑的道德情感上的，而不是純理智思辨的探索。因此，良知與心安，正是論語所記孔子說之：「汝安則爲之」的再次強調說明。牟宗三即曾說這是種「悱惻之感」，他說：「論語所言的『不安』之感，亦即孟子所謂惻隱之心或不忍人之心。有覺，才可有四端之心，否則便可說是麻木。……那是因爲『覺』是指點道德心靈（moral mind）的，有此覺才可感到四端之心。」（註五三）。梁漱溟亦說孔子的「安」是「敏銳的直覺」，他說：「敏銳的直覺，當然就是指人的生命精神不墮落，不會麻木不仁，而充滿悱惻之感。」（註五四）。可見，良知是人之不忍人之心的自然流露，唯循良知而行，人才能心安自足。

然從圓融統觀來看，人道德情感的自足，不僅是一心境，更是好善惡惡所呈現之實際道德行爲，因爲心安自足與否事實上也可以作爲檢驗良知是否貫澈於現行的一個方法，二者爲一體之二面不可分隔。因此，我們可以從力求心安自足去實實在在的好善惡惡，而有具體之道德行爲。此如陽明所言之：

良知在人，隨你如何不能泯滅，雖盜賊亦自知不當爲盜，喚他做賊，他還忸怩。（註五五）

所云……毀譽得喪之間未能脫然，足知用功之密，只此自知之明便是良知，致此良知以求自慊，便是致知矣。（註五六）

這是說人心自有一種善良道德情操，對邪曲不義之事並不眞心接受，因此連盜賊也有忸怩之時。可見，當我人面對外在一切誘惑，只要從「自慊」處入手，即可體認自己的「自知之明」，這也就表示所有僞飾虛詞與「認欲作理」之不足以使自己道德情感自足了。熊十力於此乃說：「人之異於物者，以其能感也。」（註五七），又說：「汝自見得透，自信得過，便隨順行去。日用間、吃飯、穿衣、看書、散步、應事接物，乃至臨難處危，一一順此本心行去，平平穩穩。……陽明所謂事父便知孝，事兄便知弟，皆此心也。」（註五八）。由此可見，致良知可使內心實現超感性的平穩安樂，良知與道德情感的自足自亦密切相關。

五、良知是人格平等的依據

孔子以「仁」來區別君子小人，孟子之道性善力言人人皆可爲堯舜，都是直指人心，從道德成就的出發點，「實證了人格的尊嚴，同時即是建立了人與人的互相信賴的根據，亦即是提供了人類向前向上的發展以無窮希望的根據」（註五九），而此即爲儒家論述人格平等的基本理念。此到了陽明之論良知，有更透闢之見。陽明除於泳良知詩說：「個個心中有仲尼」之外，在傳習錄上更有：

……曰：人胸中各有聖人，只自信不及，都自埋倒了。因顧于中曰：爾胸中原是個聖人。于中起：不敢當。先生曰：此是爾自家有的，如何要推？（註六〇）

這裏所謂「個個心中有仲尼」、「人人胸中有聖人」，正是陽明本於圓融統觀，用以突顯人的道德主體性及道德成就於我人本身就有其根據的指點話頭，就此而言當然人人平等。陽明不僅於此確立人格平等，更進而以良知來闡論人「本來」就是聖人。故曾用「滿街都是聖人」的說法來指點我人對良知的信心與體認。在傳習錄上有：

> 先生鍛鍊人處，一言之下，感人最深。一日王汝止出遊歸，先生問曰：遊何見？對曰：見滿街都是聖人。先生曰：你看滿街人是聖人，滿街人到看你是聖人。在又一日董蘿石出遊而歸，見先生曰：今日見一異事。先生曰：何異。對曰：見滿街人都是聖人。先生曰：此亦常事耳，何足爲異。（註六一）

「滿街都是聖人」事實上是說滿街的人都有可以成聖的可能，並不能說現實上滿街已都是聖人。至於是否都是聖人，或所謂可以成聖的關鍵，還是在良知。故陽明在依良知指出人格成就立足點之平等後，仍對良知與人格成就之間的關係多所析述，此如：

> 心之良知是謂聖，聖人之學，惟是致此良知而已。自然而致之者，聖人也。勉強而致之者，賢人也。自蔽自昧而不肯致之者，愚不肖者也。愚不肖者雖其蔽昧之極，良知又未嘗不存也。苟能致之，即與聖人無異矣。（註六二）

> 善即良知，言良知則使人尤爲易曉，故區區近有心之良知是謂聖之說。（註六三）

由上可知，良知確實是人格平等的眞正依據，只要根據良知人人皆可上達聖人之境，此仍爲陽明本諸圓融統觀所發揮出來者。

我們在此論述了陽明良知說的五個最主要的內涵。除此之外，陽明對良知的說明還有若干，如良知是獨知、良知是未發之中、良知是易等等，然這些說法並不表示良知的內涵不確定，而只是陽明從不同角度對良知的描述而已，但大致不超出此處所論者了。

第三節　致良知本義所透顯之圓融統觀

一、致良知與即禮即用

就圓融統觀來看，陽明言致良知是貫通宇宙生化之至善天理於人生道德實踐。故致良知有即禮即用之義，良知其內涵自誠明的秉賦，也有自明誠的工夫，只要工夫到極致亦可上契天理，這是即用以顯體之義，故致良知實是體用一原的本體功夫。而就工夫言，在即用顯體時，由致良知體悟天理就會有其樂無物可代之感。此即陽明說之：

> 良知是造化的精靈。這些精靈生天生地，成鬼成帝，皆從此出。眞是與物無對。人若復得他完完全，無少虧欠，自不覺手舞足蹈，不知天地間更有何樂可代？（註六四）

蓋天地萬有是道體之大用，亦爲一生物不測妙用無方的神用，就神用之廓然大公感而遂通言，此亦即生天生地，成鬼成帝的精靈。然就吾人而言，宇宙生化之精靈，就是能自作主宰，昭靈不昧之虛靈寂感的良知。故人能否有純亦不已的德行，以上體天理，即在乎良知好惡之彰顯與否。所以良知本心是超越義亦是內在義，其遍體萬物而不遺，亦無主客內外之分矣，此則而全然透顯出圓融統觀之思想特色。故眞可說「良知是造化的精靈」。可是對吾人來說，這種境界體悟的關鍵，還是在道德實踐之工夫，人必須先能去除其私欲妄念，稱理而行，以無雜念之道德心來體現天理，才有萬物具備之樂。此乃陽明所謂之復得完全，自不覺手舞足蹈矣。所以，由此人人自足之瑩澈昭明的良知，陽明必然肯定人人都可以爲堯舜，至於聖人、賢人、愚人之分別，不是受教育的高低與知識的多寡，而純是能否致其良知的問題。

陽明乃說明致良知與不致良知之別如下：

> ……良知良能，愚夫愚婦與聖人同，但惟聖人能致其良知，而愚夫愚婦不能致，此聖愚之所由分也。（註六五）
>
> 自己良知，原與聖人一般，若體認得自己良知明白，即聖人氣象不在聖人，而在我矣。（註六六）
>
> 聖人之知如青天之日，賢人如浮雲天日，愚人如陰霾天日，雖有昏明不同，其能辨黑白則一。雖昏黑夜裏，亦影影見得黑白，就是日之餘光未盡處，困學功夫，亦只從這點明處精察去耳。（註六七）

因此，陽明之言致良知，正是孟子所提倡的擴充本心。蓋因人人本具先天圓成的良知，雖在聖不增，在凡不減，而聖愚之分，只因凡人順軀殼起念，被私欲妄念陷溺，良知遂隱而不顯。即使偶然不自覺的露一端倪，亦不能操持存主不廢。此中之關鍵，就是在日常生活中，面對種種可能的引誘，良知能否有一自覺體證，以提升生命。這亦即是說良知是人人皆有的，但是更要我們在日常生活中，以良知克服私欲，而後良知才能保持著自覺的狀態，發揮他偉大的力量。所以，人只要不願淪爲禽獸，只要還願成爲一個眞的人，依陽明所見，只有以良知作主，在日常生活中，是其所是，非其所非，而不讓良知爲私欲所間，積極落實於道德實踐。否則雖有良知，又有何用？因爲如果不去致這良知，那等於是得兔後不知守兔，兔將復失之矣。至於如何致良知呢？依陽明所見，只要心中眞切，見善即遷，有過即改。如此，則人欲自消，天理自清，而使固有的天理發露而已。所謂固有天理，即人之明德。致良知的即禮即用工夫，即不僅使天理發露，更使明德心體常存，這是孟子所說之求其放心，而不使良知爲人欲所蔽。這裏別無任何巧妙，唯是吾人實下工夫的結果。

傳習錄上，又有：

一友自嘆，私意萌時分明自心知得，只是不能使他即去。先生曰：你萌時，這一知處，便是你的命根，當下即去消磨，便是立命功夫。（註六八）

所惡於上是良知，毋以使下即是致知。（註六九）

這表明良知之在人心，只要隨時隨地做「所惡於上，毋以使下」的確實工夫，則私意萌時不但知得，更能除去，一切行爲自然亭當合理。這是至平實至簡易的工夫，然卻須吾人自家去求，別無他法可道。亦即說只能由個人當下承當，親身體證，他人無法相助，否則會轉說轉遠。

由上可知，陽明致良知教是從誠意之教逐漸蘊釀發展出來的。蓋他四十三歲在南都以後，專以存天理去人欲指點學者，到後來體驗漸深，覺得實無可言，只是心體一片光明，故所謂「萌時」之「知處」爲「立命功夫」即爲良知說矣。迨其四十八歲於洪都告訴陳九川說：「指心之發動處謂之意，指意之靈明處謂之知。」（註七〇）時，已逐漸從重誠意轉到提致良知了。換言之，陽明從中年倡知行合一起，其說可以分別從格物以誠意或從事上以磨鍊來發揮，但等到揭示致良知，非但不是否定放棄中年時期的工夫指點，而是更深入指示出工夫的頭腦處，使得心體更能爲學者眞切體悟，而在實際工夫上眞正表現出圓融統觀即體即用之直貫與圓融。故陽明說這種工夫的頭腦，須在自家良知心體上求之，此如：

> 自家痛痒，自家須會知得，自家須會搔摩得。既自知得痛痒，自家須不能不搔摩得。佛家謂之方便法門，非是自家調停斟酌，他人總難與力，行更無別法可設也。（註七一）

由此可知，我人可以說陽明所言之良知，只是本心之昭明靈覺，是吾人良心上必然。而人之珍貴，亦只在於能實實在在做良心上認爲該做的事，故所謂致良知者，意即指出，吾人在動心起念時，良知能觀照出意念之善惡。同時，良知又能對其自知者有所肯認與自覺，乃有好善惡惡之感，及爲善去惡之行。由此，致良知工夫即爲一精切篤實即知即行者。所以，在自知不善而好善時，良知本體之至善，已呈現於前，而不善亦自銷於無形，故此正是即本體即工夫者。亦即唐君毅所說：「致良知之工夫，亦非以另一心，去致良知，而實只是良知本體之自致，而自呈顯，以爲工夫。」（註七二）。因此，致良知者，是即流行即主宰，即體即用，即動即靜之圓融統觀，亦即不容欺昧的道德力行耳。傳習錄上乃有：

問：先儒謂鳶飛魚躍與必有事焉同一活活潑潑地？先生曰：亦是，天地間活活潑潑地無非此理，便是吾良知的流行不息，致良知便是必有事的工夫，此理非惟不可離實，亦不得而離也，無往而非道，無往而非工夫。（註七三）

問：逝者如斯是說自家心性活潑潑地否？先生曰：然須要時時用致良知的功夫，方才活潑潑地，方才與他川水一般。若須臾間斷便與天地不相似，此是學問極至處，聖人也只如此。（註七四）

九川問曰：伊川說到體用一原顯微無間處，門人已說是泄天機，先生致知之說莫亦泄天機太甚否？先生曰：聖人已指以示人，只爲後人揜匿我發明耳，何故說泄。此是人人自有的，覺來甚不打緊一般，然與不用實功人說，亦甚輕忽可惜，彼此無益。（註七五）

這裏所言，還是陽明所言「功夫不離本體、本體原無內外」之「本體功夫」意。但由此我人更可知，人之所以能善善惡惡，人之所以能知是知非，都是以良知爲據。人類一切的道德行爲，都非飄渺無根的，因爲在良知的發用中，一切德行都有其本，一切善行都是天理的呈現。所以道德行爲並非漫不經心隨意呈現的，亦必然不是刺激與反應的理論所能說明的。良知自始就呈現在生命流通處，而起大用，所以良知絕非虛泛的假設，實有具體的呈露。我們於是可說，儒家整個義理思想的中心，總是落實在道德實踐，以成就完滿之人格爲旨。而致良知說亦正是講明如何做人的根本。因爲講做人的道理，就是要研究人應該怎麼做？應該做什麼？乃是要將這人人所具有的仁義禮智之明德（良知）擴充而實踐之，以盡我人的本分而已。就是要我們在人的社會裏，盡我們做人的義務，小則能夠助人愛人，爲一鄉一族服務，大則能夠救國救民，救人救世，能爲國家民族爲世界人類服務，至少亦要不害人欺人，不做背天逆理的事。這裏依良知言來，字字眞切，是德性生命生死交關的大事，所以陸象山亦說「這裏是刀鋸鼎鑊底學問」。因此，可看出致良知不是一閒言語，而是在指點一眞切的道德實踐，要人擴充良知，以盡做人的本份。這樣一來，陽明晚年提出即體即用的致良知時，不僅沒有放棄知行合一的說法，而且強調致良知說本身即體現了知行合一，這才使陽明哲學體用直貫，眞切易行，透顯出圓融統觀之思想特色，而使其篤信良知「眞足以忘患難出死生」、「眞聖門正法眼藏」與「實千古聖賢相傳一點滴骨血也。」

二、致良知與危微精一

陽明哲學最主要的特點是要把論學與我人實際生活相結合，此是一種生命的學問，亦是一種「爲己之學」。陽明曾說：

君子之學，爲己之學也。爲己故必克己，克己則無己。（註七六）

聖賢只是爲己之學，重功夫不重效驗。（註七七）

所謂「爲己」，所謂「不重效驗」，是指實實在在做道德實踐的工夫，只對自己德性生命負責，不必有任何花巧可言，亦不以得失效驗爲念。此以致良知爲例，陽明即說：

近歲來山中講學者，往往多說勿忘勿助工夫甚難。問之，則云才著意便是助，才不著意便是忘，所以甚難。區區因問之云：忘是忘個什麼？助是助個什麼？其人默然無對，始請問。區區因與說：我此間講學，卻只說個必有事焉，不說勿忘勿助。必有事焉者，只是時時去集義。若時時去用必有事的工夫，而或有時間斷，便是忘了，即須勿忘。時時去用必有事的工夫，而或有時欲速求效，此便是助了，即須勿助。其工夫全在必有事焉上用。……夫必有事焉，只是集義，集義只是致良知，即當下便有實地步可用工，故區區專說致良知。（註七八）

此是陽明隨機的指點語，以說明致良知的眞義。所謂勿忘勿助，是從孟子所言「必有事焉，而勿正，心勿忘，勿助長也」而引伸以言吾人內心本有之良知天理，要隨時體現，有昭明自在之用，不可間斷，也不可先存一求見其效驗的念頭，想以某種方法來幫助加快工夫，使自己早有所得。蓋孔孟之道，亦不過在於指點居處恭、執事敬、與人忠，一切工夫都用在倫常實踐上。故所謂致良知，或擴充四端之心，只是要吾人於人倫日用交往酬酢間，以平常自然之心隨處體認本心良知。陽明乃說「集義只是致良知」，只要吾人「時時去集義」，以爲其所當爲，以應萬事萬變，目然工夫不會間斷，也不會有求速效之念，則不必說什麼忘與助了。所以陽明說其工夫明白簡易，灑脫自在。而且一說致良知，則有所領悟，可以去行道德實踐，故陽明乃專說致良知，而此亦眞是「爲己之學」也。

陽明又言致良知與集義之關係如下：

在孟子言必有事焉，則君子之學終身只是集義一事。義者宜也。心得其宜之謂義。致良知，則心得其宜矣。故集義只是致良知。君子之酬酢萬變，當行則行，當止則止，當死則死，斟酌調

停，無非是致良知，以求自慊而已。（註七九）

此是說，集義就是致良知，是良知的自反自覺，亦即是人所不知，己所獨知的一念良知不昧不移也。如此，才能「心得其宜」。故無論陽明的「爲己之學」或集義致良知的「心得其宜」，都表示「己」與「良知心體」是本然明德的全體，一切學問修養則歸結要爲本心良知的全體大用朗現無遺。於是陽明本諸圓融統觀稱此一心之發無遺無漏的通貫之學爲「心學」也。他說：

君子之學，心學也。心，性也。性，天也。聖人之心純乎天理，故無事於學。下是則心有不存而汩其性、喪其天矣。故必學以存其心，學以存其心者，何求哉？求諸其心而已矣。（註八〇）

以學爲聖賢，聖賢之學，心學也。……求之於心而無假於雕飾也，其功不亦簡乎？（註八一）

這是說「心學」的基本意旨就是求之於心，爲了說明此理，陽明乃以尚書大禹謨「人心惟危，道心惟微，惟精惟一，允執厥中」十六字訣來發揮此理，故說：

聖人之學心學也。堯舜禹之相授受，曰人心惟危，道心惟微，惟精惟一，允執厥中，此心學之源也。中也者道心之謂也，道心精一之謂，仁所謂中也，孔孟之學惟務求仁，蓋精一之傳也。

（註八二）

蓋「危」字的意思，就是要我人能乾乾惕惕，操危慮患，實致良知。中庸所謂「戒愼乎其所不睹，恐懼乎其所不聞」。孟子所謂「操之則存，舍之則亡，出入無時，莫知其鄉」，即言乎危之至也。至於「微」字的意思，乃是講道心幾微，即中庸所謂「莫見於隱，莫顯乎微。」故如果不能「知微知彰」，那就會「違道愈遠」。所以我們以人心之「危」，求道心之「微」，非「惟精惟一」不能執中。這是因爲，人心最容易以私欲自蔽，見利忘義，背天逆理，陷於危殆的境地。必須要以臨深履薄，閑邪存誠，勿忘勿助、時時體察著的戒愼恐懼的知危之心，來克服他。道心則是難見而易昧，所以要以「微」求之，我們要能知「危」求「微」，必須從專「精」專「一」的上面去下工夫，然後才能允執厥中，恰到好處。這「中」字的意義，就是惟精惟一的工夫之極致，亦就是言其工夫到了大中至正、聖神功化的領域。故允執厥中的「中」就是道心惟微的「道心」，道心也是惟精惟一的精一，所以道心便成爲十六字訣的核心。而孔孟的仁學，「仁」就是「中」，「求仁」就是惟精惟一。這樣一來，孔孟的仁學也可從心學加以解釋。

心學的提出，好像是與「外求」相對立的。故也許有人會說「惟精惟一」的「一」指守本心而不失，固然疑問，可是「精」若指欲精察得道心人心分明必須先有一種細密精詳的工夫，則是否在求「精」時須像學問思辨一般向外有所求呢？對這個問題，陽明則本諸圓融統觀有所說明，傳習錄上有：

> 問惟精惟一是如何用功？先生曰：惟一是惟精主義，惟精是惟一功夫，非惟精之外復有惟一也。精字從米，姑以米譬之。要得此米純然潔白，便是惟一意。然非加舂簸篩揀惟精之工，則不能純然潔白也。舂簸篩揀是惟精之功，然亦不過要此米到純然潔白而已。博學審問愼思明辨篤行者皆所以爲惟精而求惟一也。（註八三）

這表示陽明認爲惟一是一於本心，惟精是求惟一的工夫，離開了惟一的惟精就會「支離破碎」。

因此，博學審問愼思明辨的「精」固是在成就「一」，而「一」的完全體現也必須通過由它所貫穿的具體「精」的工夫，這也可說是一種即體即用、互爲表裏的關係。可見，陽明本諸圓融統觀之說明「精」、「一」之間的關係，是不落兩邊、圓融中道的。此理，同樣可說明陽明之論尊德性與道問學或博文與約禮，此如：

以方問尊德性一條，先生曰：道問學即所以尊德性也。晦翁言：子靜以尊德性誨人，某教人豈不是道問學處多了些子。是分尊德性道問學作兩件。且如今講習討論下許多工夫，無非只是存此心，不失其德性而已，豈有尊德性只空空去尊，更不去問學？問學只是空空去問學，更與德性無關涉？（註八四）

文公格物之說只是少頭腦，如所謂察之於念慮之微此一句，不該與求之文字之中、驗之於事爲之著、索之講論之際，混作一例。（註八五）

理一而已矣，心一而已矣，故聖人無二教，而學者無二學，博文以約禮，格物以致其良知，一也，故先後之說，後儒支繆見也。……約博文而非約之以禮，則其文爲虛文，而後世功利辭章之學矣。約禮而非博學於文，則其禮爲虛禮，而佛老空寂之學矣。是故約禮必在於博文，而博文乃所以約禮。（註八六）

由陽明所言，我人可知，無論言尊德性、道問學或約、博，乃至精一，其實都是體用互待互顯之即本體即工夫的圓融統觀，否則不虛即廢，根本不成其學矣，而此種說法，亦正是對陽明致良知說最好的闡述。故人心之所以「危」，實因人心爲口鼻耳目四肢之私欲所蔽，於是百慮紛紜，其心外馳，知誘物化，遂亡其正矣。故本心須臾或放，而衆慝從之。此時就要有閑邪存誠、勿忘勿助、戒愼恐懼的知危之心，來克服私欲，此知危之心即陽明所言之良知心體，而且閑邪則誠自存，並非外鑠一誠，故所謂閑邪存誠即良知之自覺，是乃致良知之功。唯能實用此工夫者，則能敬以直內，義以方外，達到不敢欺，不敢慢，不愧於屋漏，所謂造次顚沛必於是也，壹是皆以良知作主，見善即遷，有過即改，正所謂才動即覺，才覺即化，道德行爲乃確有所成。此即由「操危慮患」工夫明其「見微知著」之道也。

此外，陽明亦本諸圓融統觀說明人心與道心之關係。基本上，陽明與陸象山相同，所言之「心」，係直指人的本心，它只有一個，並不與「道心」相對，而是人人都生而有之的。傳習錄上就有：「愛問：道心常爲一身之主而人心每聽命，以先生精一之訓推之，此語似有弊。先生曰：然，心一也，未雜於人謂之道心，雜以人僞謂之人心，人心之得其正者即道心，道心之失其正者即人心，初非有二心也。」（註八七）

故從十六字訣來看，所謂「道心」者，如同良知，只是人生德行上不容已的呈露，並非有一實物可以去觀尋，故是難見而易昧的。換言之，道心者即不雜於人僞的天理，乃天之予人，而根於性命，惟其無形，微妙難見，是以謂之「微」。只有從專精專一去下工夫，眞實做道德修養工夫者，才能有此種危微精一之察也。因此道心人心本爲一，陽明所言「未雜於人，謂之道心，雜於人僞，謂之人心」、「初非有二心」，正表示實致良知，有危微精一之察者，即知人心之得其正就是道心矣。換言之，實造乎精一之學、痛下省察克治工夫，就不會使物欲浸蝕本然至善的心體，故表現於外者純是道心，全是良知。因此雖在言語論說上有人心道心之分，可是心只是一，所謂操存捨亡，至貴只在己，若良知不昧，即人心即道心也。所以可說至精則一，不精則二。而聖賢千言萬語，只是勉人將放失之良知，約之復反，眞爲人之主宰。夫如是，則動靜云爲自無過與不及之患，又何有人心惟精，道心惟一之言。所謂，惟一是惟精的主意，惟精是惟一的工夫，正是指出，惟精故一，惟一故中。而精是虛中靈，一是靈中虛，如能深造此境，必能上達乎允執厥中。這是修養的極致，本不可以言語形容，純是本心清明，無染無著，是聖神功化的領域，由戒懼之心，而入自如之境。此時，以圓融統觀論之，致良知就是良知作主，但以良知而言，其神用萬千，不求知而自知，不求得而自得。其昭明靈覺隨緣感通，卻又無所不知，無所不得，且復一無可知，一無可得，因爲良知之自在無礙，斬斷萬相，故知無知相，得無得相，現成至極，自然至極。故精一之至，自協於中，或則泯外存內，萬境寂然，一念澄然；或則泯內存外，一念寂然，萬境森然；或則內外雙泯，心境兩寂，而心物一如；或則內外雙存，萬象森羅，內外一體。此乃由精一之學，使良知澈於萬行，與道全眞，而亦全然透顯出圓融統觀思想之特色也。

三、致良知與中和寂感

從思想的傳承上來看，陽明固屬程明道、謝上察、胡五峰、陸象山、陳白沙這一心學系統。但事實上，伊川的「在中」說與「心是已發」的思想，也給陽明極大的影響。因此，我們也可分析一下，陽明如何本諸圓融統觀來說明致良知與中和寂感的關係。此在傳習錄上有：

> 問：伊川謂不當於喜怒哀樂未發之前求中，延平卻教學者看未發之前景象，何如？先生曰：皆是也。伊川恐人於未發前討個中，把中做一物看，如吾向所謂認氣定時做中，故令只於涵養省察上用功。延平恐人未便有下手處，故令人時時刻刻求未發前氣象，使人正目而視惟此，傾耳而聽惟此，即是戒愼不睹、恐懼不聞的工夫。皆是古人不得已誘人之言也。（註八八）

中庸說喜怒哀樂之未發，謂之中。但這個「中」與「喜怒哀樂」之間到底有何關係？「中」若是一個固定物，而喜怒哀樂是七情，則七情未發之前、正發之時與已發之後似乎都不是「中」，那麼「中」應該是什麼？伊川說「不當於喜怒哀樂未發之前求中」，就是說不能把「中」當成一死物而置於未發之前去探索，陽明亦稱其言爲是。然陽明更推許延平之「求未發前氣象」，稱此爲實「有下手處」。這是因爲「中」與「未發之前」的關係，必須靠「正目而視惟此，傾耳而聽惟此。即是戒愼不睹、恐懼不聞的工夫」才能有所取證，而體悟出「未發氣象」。換言之，我人唯有透過內斂的敬懼工夫，才能涵養個「未發之中」，故牟宗三說陽明論「中」與「未發之前」的關係，「不是時間歷程的潛能現實之來往詮表。而是當下在喜怒哀樂之外，直指本心，見體取證的事。」（註八九）。蓋在直指本心良知之後，七情之發與行爲是否中節，自有己所獨知的標準，這個標準是個人的良知也是天理天心所在，此便是大本之中矣。故傳習錄上又有：

> 劉觀時問：未發之中是如何？先生曰：汝但戒愼不覩，恐懼不聞，養得此心純是天理，便自然

見。（註九〇）

蓋不覩不聞是良知本體，戒愼恐懼是致良知的工夫，學者時時刻刻常覩其所不覩，常聞其所不聞，工夫方有個實落處。（註九一）

這些話都在說明實致良知，於不覩不聞處下工夫者，使此心純是天理，才眞能得見「未發之中」。蔡仁厚因此亦說像延平那種所謂以「默坐澄心」來「觀未發之前氣象」的工夫取證，「是一種超越的逆覺體證。所謂超越，即是隔離一下。在默坐危坐之隔離的、超越的體證中，『中』體即從私欲、氣質、喜怒哀樂情變之混雜中澄然凸顯，成其爲純粹自己之自存自在，這便是『莫見乎隱、莫顯乎微』的澄然、森然之氣象。」（註九二）。這種「逆覺體證」與陽明所言「常覩其所不覩、常聞其所不聞」的修行是完全相通，而唯其如此，才能將吾人心中的病根澈底去除。傳習錄上有：

正之問：戒懼是己所不知時工夫，愼獨是己所獨知時工夫，此說如何？先生曰：只是一個工夫，無事時是獨知，有事時亦是獨知。人若不知於此獨知時用力，只在人所共知時用功，便是作僞，便是見君子而後厭然。此獨知時，便是誠的萌芽，此處不論善念惡念，更無虛假；一是百是，一錯百錯，正是王霸義利誠僞善惡界頭。於此一立立定，便是端本澄源，便是立誠。古人許多誠身的工夫，精神命脈，全體只在此處。眞是莫見莫顯，無時無處，無始無終，只是這個工夫。（註九三）

澄問：喜怒哀樂之中和，其全體、常人固不能有，如一件小事當喜怒者，平時無有喜怒之心，至其臨時亦能中節，亦可謂之中和乎？先生曰：在一時之事，固亦可謂之中和，然未可謂之大本達道。人性皆善，中和是人人原有的，豈可謂之無？但常人之心，既有所昏蔽，則其本體雖時時發見，終是暫明暫滅，非其全體大用矣。無所不中，然後謂之大本；無所不和，然後謂之達道。惟天下之至誠，然後能立天下之大本。曰：澄於中字之義尚未明。曰：此須自心體認出來，非言語所能喩。中只是天理。曰：何者爲天理？曰：去得人欲，便識天理。曰：天理何以謂之中？曰：無所偏倚。曰：無所偏倚是何等氣象？曰：如明鏡然，全體瑩澈，略無纖塵染著。曰：偏倚是有所染著，如著在好色好名好利等項上，方見得偏倚。若未發時，美色名利皆未相著，何以便知其有所偏倚？曰：雖未相著，然平日好色好名好利之心，原未嘗無。既未嘗無，即謂之有；既謂之有，則亦不可謂無偏倚。譬如病瘧之人，雖有時不發，而病根原不曾除，則亦不得謂之無病之人矣。須是平日好色好名好利等項一應私心，掃除蕩滌，無復纖毫留滯，而此心全體廓然，純是天理，方可謂之喜怒哀樂未發之中，方是天下之大本。（註九四）

這是說人性皆善只要不被昏蔽，就能無所不中、無所不和。但這並非簡易之事，一般人偶一爲善，固亦可謂之中和，卻不是「大本達道」。唯將平日好色好名好利之心去除盡淨，才能使心體無偏無倚、廓然大公，而爲天下大本。可是人之好色好名好利病根是否去除卻是己所獨知的，故陽明才說此獨知處「一是百是，一錯百錯」，是「端本澄源」的工夫，這亦即致良知戒愼恐懼的眞義所在。然我人須注意陽明這種無所偏倚致良知之戒愼恐懼並非僅是「默坐澄心」，而是不分有事、無事的。傳習錄上有：

問：寧靜存心時，可謂未發之中否？先生曰：今人存心，只定得氣。當其寧靜時，亦只是氣寧靜，不可以爲未發之中。曰：未便是中，莫亦是求中工夫？曰：只要去人欲、存天理，方是工夫。靜時念念去人欲存天理，動時念念去人欲存天理，不管寧靜不寧靜。若靠那寧靜，不惟漸有喜靜厭動之弊，中間許多病痛，只是潛伏在，終不能絕去，遇事依舊滋長。以循理爲主，何嘗不寧靜？以寧靜爲主，未必能循理。（註九五）

陽明早年亦曾指點人靜坐，但到其理念成熟時，本諸圓融統觀所指點的工夫已不分動靜或有事無事，一是以循理爲主，而不以講「默坐澄心」或寧靜定氣爲滿足。由此可見，「中」不是在氣機之「歛」或「發」上說，而是在一念獨知之天心天理處說（註九六），是良知得致之存天理去人欲，是不分動靜的圓融統會。此理表現在陽明之論致良知上則有：

省察是有事時存養，存養是無事時省察。（註九七）

良知不由見聞而有，而見聞莫非良知之用，故良知不滯於見聞，而亦不離於見聞。（註九八）

澄問象山在人情事變上做工夫之說。先生曰：除了人情事變，則無事矣。喜怒哀樂，非人情乎？自視聽言動以至富貴貧賤患難生死，皆事變也。事變亦只在人情裡。其要只是致中和，致中和只是謹獨。（註九九）

有一屬官因久聽講先生之學，曰：此學甚好，只是簿書訟獄繁難不得爲學。先生聞之曰：我何

嘗教爾離了簿書訟獄懸空去講學。（註一〇〇）

理無動者也。常知常存，常主於理，即不睹不聞、無思無爲之謂也。不睹不聞、無思無爲，非槁木死灰之謂也。睹聞思爲一於理，而未嘗有所睹聞思爲，即是動而未嘗動也。所謂「動亦定，靜亦定」，體用一原者也。（註一〇一）

上所引諸言，都係陽明於我人實際生活起作用之致良知說明其致良知說之具圓融統觀思想特色。這時良知若眞得致，即能與未發之中相合，同其寂、同其感，無未應、已應之分，誠所謂「動亦定，靜亦定，體用一原者也」。陽明乃更曰：

人之本體，常常是寂然不動的，常常是感而遂通的，未應不是先，已應不是後。（註一〇二）

未發之中，即良知也；無前後內外，而渾然一體者也。有事無事可以言動靜，而良知無分於有事無事也。寂然感通可以言動靜，而良知無分於寂然感通也。動靜者，所遇之時；心之本體固無分於動靜也。理無動者也，動則爲欲。循理，則雖酬酢萬變而未嘗動也；從欲，則雖槁心一念而未嘗靜也。動中有靜，靜中有動，又何疑乎？有事而感通，固可以言動，然而寂然者未嘗有增也；無事而寂然，固可以言靜，然而感通者未嘗有減也。動而無動，靜而無靜，又何疑乎！無前後內外而混然一體，則至誠有息之說，不待解矣。未發在已發之中，而已發之中未嘗別有未發者在；已發在未發之中，而未發之中未嘗別有已發者存。是未嘗無動靜，而不可以動靜分者也。（註一〇三）

心不可以動靜為體用，動靜時也，即體而言，用在體，即用而言，體在用，是謂體用一源。（註一〇四）

一般人分析行為，常說，有事是動，無事是靜，寂然是靜，感通是動。但從圓融統觀來看，良知之發是不分有事無事的，其「未發」之「中」是良知之天理；「已發」之「和」是良知之發用感通，二者為相涵相待，不可分的。故雖酬酢萬變，只是動靜之時，良知天理未嘗變動，而未嘗變動的良知貌似寂然不動，却又是感而遂通的，所以說「體用一源」、「不可以動靜分者也」。由此可知，致良知只是一為善眞切之心，亦只求心之自慊而已。其於人欲消，天理明時，自然泯滅外惑，而可涵蘊萬理，從心所欲不踰矩。故事物紛然交感時，亦能順應萬變之化。蓋動應時，良知是神不可測；靜涵時，良知是虛而不屈；其不分動或靜，唯心體之自明自覺，故陽明良知此說完全表現了圓融統觀之思想特色。

陽明更嘗說明其致良知即動靜合一的道理：

……動靜只是一個，那三更時分空空靜靜的只是存天理，即是如今應事接物的心。如今應事接物的心，亦是循此天理，便是那三更時分空空靜靜的心。故動靜只是一個，分別不得。（註一〇五）

凡忿懥著了一分意思便怒得過當，非廓然大公之體了。故有所忿懥便不得其正也。如今凡忿懥等件只是個物來順應，不要著一分意思，便心體廓然大公得其本體之正了。（註一〇六）

無知無不知，本體原是如此，譬如日未嘗有心照物，而自無物不照。（註一〇七）

這說明從圓融統觀來看，良知作主時，無論有事時之動，或無事時之靜，都只是昭靈明覺的惻怛本心，則有廓然大公之心體，自會物來順應。故處處致良知，處處是天理，順天理而動，則動又何嘗非定？涵養天理曰靜，則靜又何嘗會枯寂？若一心懼動或懼靜，則反其其累也。只要一念良知不昧，心中雜念便息，則良知亦可有所不用，而歸於寂。若良知明徹，隨緣起用，則雖有所用，仍是無心之用，此即「無知無不知」之意。可說良知是即用即無，即無即用，原是寂然不動，感而遂通、圓融自在的。

陽明又說明此種即寂即感的道理如下：

聖人致知之功，至誠無息。其良知之體，皦如明鏡，略無纖翳，妍媸之末，隨物見形，而明鏡曾無留染，所謂情順萬事而無情也。無所住而生其心，佛氏曾有是言，未爲非也。明鏡之應物，妍者妍，媸者媸，一照而皆眞，即是生其心處。妍者妍，媸者媸，一過而不留，即是無所住處。

（註一〇八）

蓋良知能時時知是知非，故時時無是無非，時時便見得性體之萬古常新。因此，陽明在言「致良知」時，已不重靜坐或收斂本心以存天理，而純是良知之自知自覺，依其本身之天則，在行爲中表現出好善惡惡及爲善去惡之即知即行。是以，良知之體乃超乎天理與人欲之對待之上，而無論收斂或發散都是良知之即寂即感。因此，致良知之事，可無分於已發未發，未發時寂而恒感，似無事，實已含萬事；已發時感而恒寂，雖有事，卻又行所無事，正所謂「情順萬事而無情」也。「蓋良知即是未發之中，此知之前更無未發。良知即是中節之和，此和之後，更無已發。此知自能收斂，不須更主於收斂。此知自能發散，不須更期於發散。收斂者，感之體，靜而動也。發散者，寂而用，動而靜也。」（註一〇九）

總之，從致良知與中和寂感動靜的關係言，都是在發揮「允執厥中」一語的工夫及其致力之所在。其在靜而言謂之「中」，在動而言謂之「和」，亦可說「中」爲靜中之「和」，而「和」爲動中之「中」，故無論其言「中」與「和」，皆不出乎「允執厥中」的「中」字工夫之外。因此所謂之「中」與「和」，實際就是吾人內心澹泊沖漠，無所偏倚的境況。這亦就是當下在喜怒哀樂之中，直依良知以證取，孰是孰非，乃能一清二楚，故應喜則喜，當樂則樂。故陽明認爲此間必有人所不知，而己所獨知的存養省察的眞功夫，才能有發動時之中乎節度。於是，有事無事都是良知之誠，良知即是天理之中，除此之外，更無所謂中，這個中，存養亦是，察識亦是，於全幅呈露其眞機時，便是大本之中，順中而發，自然是達道之和。人於此，乃可體悟出一超善惡之至善良知，其發用流通於所感應之天地萬物之中，如赤日之照萬象，正所謂「開口即得本心，更無假借湊泊，如赤日當空，而萬象畢照」（註一一〇）亦如鐘之「未扣時原是驚天動地，既扣時也只是寂天寞地。」（註一一一）而且即人而言，恰如陽明所說「所思所慮只是一個天理，更無別思別慮耳。」（註一一二）這是因爲致良知到精熟之境，人通體渾是仁體於穆不已，與盎然生意之顯。而凡即聖，聖即凡，一切如如自在，隨時充其本然之善，復連充本然之善的念頭亦無，這便是何思何慮，自在無礙的境界，也是圓融統觀思想高度之發揮。

四、致良知與格致誠正

王陽明認為良知是人人本有，其眞誠處必是流行無礙，充滿仁德。然在一般人，卻常為私意所蔽，所以須以「格物致知」的方法來致良知復天理。

陽明曾說：

若良知之發，更無私意障礙，即所謂充其惻隱之心，而仁不可勝用矣。然在常人不能無私意障礙，所以須用致知格物之功，勝私復理，即心之良知更無障礙，得以充塞流行。（註一一三）

蓋自程朱以後，大學一書已成為宋明儒論學的典範，而陽明之論致良知，亦可於此書中，藉「格物、致知、誠意、正心」之思想來表彰其自己的見解。今且分正心誠意與格物致知兩項來討論。

㈠正心誠意與致良知

陽明是以良知為人之心體，唯心之本體乃廓然大公，無善惡可言，其所以有不善，只因人為肉體口腹之欲所動，失去廓然大公之本性，而順軀殼起念。因此致良知之首要須從修身、正心著手，然所謂修身並非培養安適這肉體的身，而是要使吾人的行為都合乎禮，使一切行為之表現皆為天理流行。如此則無論兼善天下或獨善其身，才有根基，故修身實為內外關聯，本末貫通的樞紐，我人必須痛下修身的工夫。但是身體形殼之主宰為心，我人目之視、耳之聽、口之言、四肢之動，都由心為其主，唯由正心做起，才能修身。故陽明乃說：

大學之所謂身，即耳目口鼻四肢是也。欲修身，便要目非禮勿視，耳非禮勿聽，口非禮勿言，四肢非禮勿動。要修這個身，身上如何用得工夫？心者身之主宰。目雖視，而所以視者心也。耳雖聽，而所以聽者心也。口與四肢雖言動，而所以言動者心也。故欲修身，在於體當自家心體，常令廓然大公，無有些子不正。主宰一正，則發竅於目，自無非禮之視；發竅於耳，自無非禮之聽；發竅於口與四肢，自無非禮之言動。此便是修身在正其心。（註一一四）

此即言「欲修其身者，先正其心」。因爲「身者，心之器」，一個人的思想行爲，皆以心爲主，故必存養省察，愼獨存誠，使此心常湛然清明公正無偏，不爲物慾所蔽，不爲感情所勝，不然，如其一有忿怒恐懼或好惡便辟之心，則此心就不得其正了，最後便難免流爲貪戾迷妄，甚至放僻邪侈，一切的錯誤罪惡，都要由此而生了，所以正心才是修身的根本工夫。

但是心之本體原是至善的，在至善心體上用不得功夫，論致良知的工夫唯有在心之發動處。故所謂「正心」，並非說至善心體尙要去正，而是要正心之所發的意念，是以，正心者必誠其意。換言之，心體本無不正，然因心受外境所感而起意動念時，往往私慾亦從之以起，而人每易從私慾，且自作詭辭，此之謂自欺。可是此處縱瞞盡天下蒼生，是非曲直其必有所獨知之地。故所謂誠意之工夫，即在心意乍動，私意萌芽之初，立刻戒懼，不從欲以欺眞意，即不使心體有所障也。此即大學所言：「所謂誠其意者，毋自欺也，如惡惡臭，如好好色，此之謂自慊，故君子必愼其獨也。」這裏所謂「毋自欺也」，就是不欺蒙自己，摒絕僥倖心，排除虛僞心，不作昧良之舉，不存苟且之念，一秉正覺，直認眞理，勇猛精進的意思。所以誠意的工夫，又是要以愼獨爲始，所謂愼獨者，就是要在人所不知，惟己獨知的場合，「去人欲，存天理」以虛心實意，惟精惟一，面對一切事物，而無愧於天地宇宙之間。這是講誠意的工夫，亦就是意誠而後心正的道理。

陽明亦說：

……然至善者，心之本體也。心之本體那有不善？如今要心正，本體上何處用得功？必就心之發動處，纔可著力也。心之發動，不能無不善，故須就此處著力，便是在誠意。如一念發在好善上，便實實落落去好善；一念發在惡惡上，便實實落落去惡惡。意之發既無不誠，則其本體如何有不正的？故欲正其心，在誠其意。工夫到誠意，始有著落處。（註一一五）

所以，誠意只是循天理，故雖在萬欲沸騰中，但此誠意之功不容稍泯，於此不容昧處，實加操持，正爲致良知工夫著落處。而若我人都能在心意初動之時，加以省察，實地去惡存善，都能常有研機與愼獨的工夫，便不患德之不立了。這表示凡善惡成敗的關鍵，都是在心意初動時所決定的，可見誠意正心離不了致良知，能致良知才能誠意正心，致良知與誠意正心之間是圓融一體的。

㈡格物致知與致良知

這裏先講致知與致良知，下面再講格物與致良知。

孟子講良知，大學講致知，朱子釋致知爲致吾心之知，陽明則釋致知爲致吾心之良知。因此在陽明心目中，所謂致知乃是致心中良知，使事物得其正，而不是教人去追求外在的知識。陽明自云：

> 致者至也，如云喪致乎哀之致，易言知至至之。知至者，知也。致知云者，非後儒所謂擴充其知識之謂也，致吾之良知焉耳。（註一一六）

所以意之所及之事物，或由之而生的行爲，其該當如何，良知自會有其醒悟。故致吾心之良知，爲誠意之前提，人能反己內證者，全靠此致知的工夫。陽明乃又云：

> 誠意之本，又在於致知也。所謂人所不知而己所獨知者，此正是吾心良知處。然知得善，卻不依這個良知便做去，知得不善，卻不依這個良知便不去做，則這個良知便遮蔽了，是不能致知也。吾心良知既不能擴充到底，則善雖知好，不能著實好了；惡雖知惡，不能著實惡了，如何得意誠？故致知者，意誠之本也。（註一一七）

此即言欲誠其意者先致其知是當然的道理，因爲誠意是善惡的關頭，爲好爲惡爲聖賢爲禽獸，固全由自己的心意而定。但辨別善惡，全靠自己有眞知，有識力。如果識力不足，勢必見理不眞，察事不明，善惡是非，淆然莫辨，因此意無從誠，心無從正，則身更不能修，所以致知是迷覺的關頭，誠意的前提，這就是知至而後意誠，意誠而後心正的道理。陽明在此即本諸圓融統觀說明從正心到致知之一貫道理，步步緊扣，而結穴於致知。蓋意念之誠僞只有心中良知可知，此知是淨潔炤明，千古一如，雖私欲熾然亦瞞不得他，故此知爲人之大本也。若不立此大本，僅在私欲起後，才致克治省察之工夫，則將有滅於此而生於彼之患，不能有眞識力也。唯有良知才是心之本體，而良知之明才可明察事理，辨別是非，故曰此知體之明，備萬理含萬德，時時推擴無有極。所以可說致知是迷覺的關鍵，是誠意的前提，致知與誠意正心才成一體系矣。總之，主宰是知體，充一念好善惡惡之知，而推廣去便是工夫，而這種工夫所得又可與備萬理、淨潔炤明良知心體相合一，這是即工夫即本體之立人道也。

接下來，我們討論格物與致良知。

在此，我們先對陽明所謂的「物」，加以說明。陽明曾說：

但指其充塞處言之謂之身，指其主宰處言之謂之心，指心之發動處謂之意，指意之靈明處謂之知，指意之涉著處謂之物，只是一件。（註一一八）

又如：

……意之所用，必有其物，物即事也。如意用於事親，即事親爲一物，意用於治民，即治民爲一物，意用於讀書，即讀書爲一物，意用於聽訟，即聽訟爲一物。凡意之所用，無有無物者，有是意即有是物，無是意即無是物矣。物非意之用乎？（註一一九）

由上可知，陽明所說之「物」，乃指心的靈明之知所涉著感通處，亦即心知意識流通的對象，而非天地間之具體存在物。故凡心意所及之事親、治民、讀書、聽訟等等都是心中之物，所謂物即事也。同時，此物又非與人隔絕，實乃與心、意、知之含意相連，只是立言之分際不同耳。

由是可知，陽明所謂物者，並不限於自然界之物質，而是取極廣義的解釋。同時，所謂「格物」之「格」，陽明亦有其殊意。他釋「格」爲「正」，而不採「至」義，與朱子以窮至萬物之理解釋格物不同。陽明說：

格字之義，有以至字訓者，如格于文祖，有苗來格，是以至訓者也。然格于文祖，必純孝誠敬，幽明之間，無一不得其理，而後謂之格。有苗之頑，實以文德誕敷而後格，則亦兼有正字之義在其間，未可專以至字盡之也。如格其非心，大臣格君心之非之類是則一皆正其不正以歸於正之義，而不可以至字爲訓矣。（註一二〇）

蓋所謂致知在格物的「格」字有兩種解釋，據朱子解釋：「格者，至也」，即要對於客觀事物能隨時隨地體察明白，就是要徹底認識事物眞理至於極處的意思。但據陽明的解釋：「格者，正也」，就是對於一切客觀事物皆要本內心之良知所知者，而決定其是非以正之。所謂致知云者，即致吾心之良知，而非充廣其知識之謂也。此即說明，致良知並非徒爲口耳之學，而是在實事上之表現，將良知之天理推充到事事物物上，使事事物物都因良知之潤澤而得其理、得其宜，故陽明必以「正」字訓「格」，而不以認知性心態來討論格與致知。因此，必須眞能爲善去惡，才是格物，才是修身，亦就才是致良知。這裏陽明所講的格物，不再是格亭前竹子之物，他這裏所格的乃是格「此心之非」的物，所以也就是去人欲、存天理，這實在就是他爲學的大頭腦處。這是因爲格物者正事也，正是眞正的爲善去惡也，所以由正其心念之不正以歸於正，內心之生活自是一體之誠，而後明淨無垢、鳶飛魚躍之幾乃能由中達外也，此眞是致良知知學之訣竅所在。同時，由圓融統觀可知，陽明所說之致知，不是懸空的致知，一言乎知，實已攝物，心物在陽明思想中，本爲渾然流行無間之一體，不可妄分內外，截爲二段。而良知實通天地萬物爲一體者，所謂之智周萬物，正以良知純爲一不容已之推擴也。蓋致知格物即推致吾人良知之明，格不正以歸於正，必使良知能隨緣作主。故良知之流通處即是物，非心外另有死物要去格也，亦可知良知是立大本的工夫，而格物方是致良知工夫中心處也。

陽明亦說：

然亦不是懸空的致知，致知須在實事上格。如意在於爲善，便就這件事上去爲；意在於去惡，便就這件事上去不爲。去惡，固是格不正以歸於正；爲善，則不善正了，亦是格不正以歸於正也。如此，則吾心良知無私欲蔽了，得以致其極；而意之所發，好善惡惡，無有不誠矣。誠意工夫實下手處，在格物也。若如此格物，人人便做得。人皆可以爲堯舜，正在此也。（註一二一）

故吾心之良知雖無不善，但卻不可懸空虛論能得現的，必須落實於具體之爲善去惡中，良知才可作用無礙，好善惡惡才得其誠，人人才可於此得成堯舜。因此，格物是誠意工夫實下手處，譬如意之發於事親，若不從事事親之實物，意如何誠？知如何致？可見知若要致，正是在物之格（正）處。

所以，陽明又說：

若鄙人所謂致知格物，致吾心之良知于事事物物也。吾心之良知即所謂天理也。致吾心良知之天理於事事物物，則事事物物皆得其理矣。致吾心之良知者致知也。事事物物皆得其理者，格物也。是合心與理而爲一者也。（註一二二）

此即言，格物者乃以良知之天理去正意之所及的事物，如是則種種事物皆得其理，此是致知與格物的合一，然而天理之發用又必繫屬於心之發用，故更可就此而曰：「合心與理而爲一者也」。可是良知中之天理則必待能致，才可使物得正。牟宗三亦言：「若徒有本覺而不致，則知與物離，意與事隔，知不得謂之至，意不得謂之誠，而物亦不得謂之正。」（註一二三）。故致知必須於實事實物的實踐中，方能發見其功能耳，此即所謂致知在格物也。

可見格物者，即眞切之存養省察，實踐力行工夫，非如是則不能致其本然之良知，而反有遺棄倫理與物理之弊。唯有眞下格物之功者，不會務外而遺內，還可以雖愚必明，雖柔必強，內而心正，外則物得其宜，實所謂成己成物各正性命之學。

陽明另有一文說的甚好：

> ……溫清之事，奉養之事，所謂物也，而未可謂之格物。必其於溫清之事，也一如其良知之所知當如何爲溫清之節者，而爲之無一毫之不盡；於奉養之事，也一如其良知之所知當如何爲奉養之宜者，而爲之無一毫之不盡，然後謂之格物。（註一二四）

此可見「物」與「格物」是不相同的。溫清之事爲物，但並非格物，必須於其中實致良知所知之「節」與「宜」，而眞誠無缺的做到，才是格物。故由吾人道德行爲之純亦不已，則良知即能貫徹於生命歷程中，事事皆得圓滿。

有人對陽明言之格物有一種誤解，以爲陽明用「爲善去惡」解格物，未免偏於道德實踐，而忽略了科學知識。但事實上陽明格物致知的知雖是就天理言者，是在格物中窮盡朗現良知天理，可是這種天理良知在圓融統觀意理下並不是一個隔離的抽象物，而是由通天人，合內外，一小大，而具體表現於實事，因此良知雖以德性之知爲主，然其與聞見之知（專指知識之知）二者間仍有密切關係。唐君毅曾將之列爲四種：第一種是德性之知直接通過聞見之知而表現，第二種是德性之知與知識之知表面相斥而更迭呈現之關係，第三種是德性之知與知識之知所形成的目的和手段之相從的關係，第四種是德性之知與知識之知交互並存之關係（註一二五）。牟宗三則說，良知是道德心，而人之求知識，則要靠認識的了別心。因爲知識必是有待於外，要靠了別心的認取，但是若只說將外在現成知識攝入致良知中，並不足以說明德性之知與聞見之知的關係。二者間的關係應是說吾心良知決定一應當之行爲，在實現此一行爲時，固然必須一面致此德性之知，但於此時，良知必自我轉化而有良知自我之坎陷。亦即表示，良知自己決定坎陷自己以從外在物，從物才能知物，知物才能有聞見之知以宰物。可是等到可以宰物時，良知又從坎陷之中湧現出來，會物歸己，能使聞見之知的使用，表現在使事事物物皆得其正，皆遂其生。這是良知融攝知識的眞義（註一二六）。可見，陽明並非不知聞見之知的重要性，他並不否認科學之知而只是表示唯有致良知才是學問的大頭腦。再者，依陽明之解說格物致知來看，其旨在強調格物致知不僅只在求得客觀事物所以然之「理」，更要有良知爲判斷事理之準則。故窮理盡性即格物致知也，目的皆是在窮究吾人生存性命之理而朗現之也。因此陽明言致知格物，必以內心良知充實其工夫，由良知之明覺，感於物而動，此全是天理之流行，足以涵攝萬物。否則將不免耽虛溺寂，而至於絕物，亡緣返照，而歸於反知，故陽明之眞意是說，一切事的作爲或物的發明，必皆以心中良知爲本，則事的作爲才合理，而物的發明才能善盡其用。

我人可以核子之用爲例，說明核子一物，其有用與否，惟靠人心之靈明去發明，其用之爲善或爲惡，亦須取決於心中之良知。故吾人唯以致良知爲本，而從事格物所得之一切知識與器物，才都是良知之發用，才能造福人群。因而致良知豈僅是道德修養上之存養識察，而不事格物以擴充心體之明？由此可明白陽明並未遺棄物用而淪於虛寂，陽明只是深知心理爲物理之主，以致良知之道爲開物成物之實，庶乎裁成天地之道，輔相萬物之宜也。

由是可知，陽明致良知教實有本有末，學而至此，亦全幅聖功矣。陽明之學乃可總括爲：

……是故不務於誠意，而徒以格物者謂之支。不事於格物而徒以誠意者，謂之虛。不本於致知，而徒以格物誠意者，謂之妄。支與虛與妄，其於至善也遠矣。合之以敬而益綴。補之以傳而益離。……噫！乃若致知，則存乎心悟。致知焉盡矣。（註一二七）

故從圓融統觀來看，陽明所謂致知格物是致心中之良知以成事成物，使全理盡澈於物，全物盡潤於理，不但事理無礙，甚至事事無礙，這可說全然是憑藉圓融統觀發揮所得者，亦爲圓融統觀理想所在。

【附註】

註一　王陽明，「大學古本序」，陽明全書，前揭書，卷七，頁一二下。
註二　參閱陳來，王陽明哲學的精神，前揭書，頁一六〇。
註三　錢德洪，「刻文錄序說」，陽明全書，卷首，頁七下
註四　黃綰，「陽明先生行狀」，陽明全書，前揭書，卷三十七，頁二一下。
註五　「王陽明年譜」，陽明全書，前揭書，卷三十三，頁一六至一七。
註六　錢德洪，「答論年譜書」，陽明全書，前揭書，卷三十六，頁一六下。
註七　同註三，頁六上。
註八　王陽明，「傳習錄」，陽明全書，前揭書，卷一，頁五下。
註九　同上註，卷一，頁二六上。
註一〇　王陽明，「寄薛尚謙」，陽明全書，前揭書，卷五，頁一五下。
註一一　同註八，卷三，頁三上。
註一二　同上註，頁三下。
註一三　同上註，頁五上。
註一四　同註七，頁七下。
註一五　同註八，卷三，頁三下。
註一六　同上註，卷三，頁三至四。

註一七　同註八，卷三，頁四上。
註一八　王陽明，「與楊仕鳴」，陽明全書，前揭書，卷五，頁五至六。
註一九　王陽明，「答甘泉」，陽明全書，前揭書，卷五，頁三下。
註二〇　王陽明，「書魏師孟卷」，陽明全書，前揭書，卷八，頁八至九。
註二一　王陽明，「寄鄒謙之」，陽明全書，前揭書，卷六，頁一上至下。
註二二　同上註，頁三下。
註二三　同上註，頁四上。
註二四　王陽明，「寄正憲男手墨」，陽明全書，前揭書，卷二十六，頁一七下。
註二五　同註五，頁一七上。
註二六　同註八。
註二七　徐階，「王文成公全書序」，陽明全書，前揭書，序，頁二上。
註二八　參閱詹秀惠，孟子與王陽明的良知說，孔孟學報，第三十四期，頁六三至八〇。
註二九　參閱鍾彩鈞，王陽明思想之進展，前揭書，頁八〇至八一。
註三〇　同註一一。
註三一　王陽明，「與陸元靜」，陽明全書，前揭書，卷五，頁八下。
註三二　同註八，卷三，頁一六下。

註三三　王陽明，「書朱守乾卷」，陽明全書，前揭書，卷八，頁八上。
註三四　同註八，卷一，頁一〇下。
註三五　同上註，卷一，頁二〇下。
註三六　同上註，卷一，頁一五上。
註三七　同上註，卷二，頁二五上。
註三八　同上註，卷二，頁七上。
註三九　同上註，卷二，頁三四上。
註四〇　同上註，卷三，頁一二下。
註四一　同上註，卷三，頁一六上。
註四二　同上註，卷三，頁一六下。
註四三　同上註，卷三，頁一八上。
註四四　王陽明，「與馬子莘」，陽明全書，前揭書，卷六，頁一三上。
註四五　王陽明，「答魏師說」，陽明全書，前揭書，卷六，頁一二下。
註四六　同註八，卷二，頁七上。
註四七　同上註，卷二，頁二八下。
註四八　同上註，卷一，頁一七上。

註四九　王陽明，「大學問」，陽明全書，前揭書，卷二十六，頁四下。

註五〇　同註八，卷三，頁一下。

註五一　王陽明，「與王公弼」，陽明全書，前揭書，卷六，頁一一上。

註五二　王陽明，「答董澐蘿石」，陽明全書，前揭書，卷五，頁一五上。

註五三　牟宗三，中國哲學的特質，初版（台北：台灣學生書局，民國六十三年），頁二九至三〇。

註五四　梁漱溟，東西文化及其哲學，初版（台北：虹橋書店，民國五十七年），頁一二六。

註五五　同註八，卷三，頁三下。

註五六　王陽明，「與王公弼」，陽明全書，前揭書，卷五，頁一四上。

註五七　熊十力，十力語要，五版（台北，廣文書局，民國六十三年），卷四，頁五九。

註五八　同上註，頁八。

註五九　徐復觀，「從性到心——孟子以心善言性善」，中國人性論史先秦篇，二版（台北：台灣商務印書館，民國六十四年），頁一八六。

註六〇　同註一五。

註六一　同註八，卷三，頁二〇至二一。

註六二　同註二〇，卷八〇下。

註六三　王陽明，「答季明德」，陽明全書，前揭書，卷六，頁一〇下。

註六四　同註八，卷三，頁一二上。
註六五　同上註，卷二，頁八下。
註六六　同上註，卷二，頁一五下。
註六七　同上註，卷三，頁一六下。
註六八　同上註，卷三，頁二六上。
註六九　同上註，卷三，頁一九下。
註七〇　同上註，卷三，頁二上。
註七一　同上註，卷二，頁一四至一五。
註七二　唐君毅，中國哲學原論導論篇，修訂再版（香港：新亞研究所，民國六十三年），頁三二五。
註七三　同註八，卷三，頁二六上。
註七四　同上註，卷三，頁一一上。
註七五　同上註，卷三，頁四上。
註七六　王陽明，「書王嘉秀請益卷」，陽明全書，前揭書，卷八，頁三下。
註七七　同註八，卷三，頁一六上。
註七八　同上註，卷二，頁三二至三三。
註七九　同上註，卷二，頁二五下。

註八〇　王陽明，「謹齋說」，陽明全書，前揭書，卷七，頁二七上。
註八一　王陽明，「應天府重修儒學記」，陽明全書，前揭書，卷二十三，頁一〇下。
註八二　王陽明，「象山文集序」，陽明全書，前揭書，卷七，頁一四上。
註八三　同註八，卷一，頁一〇下。
註八四　同上註，卷三，頁二五上。
註八五　同上註，卷三，頁七下。
註八六　王陽明，「博約說」，陽明全書，前揭書，卷七，頁二八至二九。
註八七　同註八，卷一，頁六上。
註八八　同上註，卷一，頁一七下。
註八九　牟宗三，王陽明致良知教，前揭書，頁四〇。
註九〇　同註八，卷一，頁二八下。
註九一　同上註，卷三，頁二五下。
註九二　蔡仁厚，王陽明哲學，前揭書，頁八一。
註九三　同註八，卷一，頁二六下。
註九四　同上註，卷一，頁一八。
註九五　同上註，卷一，頁一一上。

註九六　同註九二，頁八四。
註九七　同註八，卷一，頁一二上。
註九八　同上註，卷二，頁二四下。
註九九　同上註，卷一，頁一二上。
註一〇〇　同上註，卷三，頁四下。
註一〇一　同上註，卷二，頁一八下。
註一〇二　同上註，卷三，頁二五下。
註一〇三　同上註，卷二，頁一九上。
註一〇四　同上註，卷一，頁二四上。
註一〇五　同上註，卷三，頁六至七。
註一〇六　同上註，卷三，頁七至八。
註一〇七　同上註，卷三，頁一五下。
註一〇八　同上註，卷二，頁二三下。
註一〇九　黃宗羲，「姚江學案」，明儒學案，初版（台北：河洛圖書公司，民國六十三年），頁五五至五六。
註一一〇　同上註，，頁五六。
註一一一　同註八，卷三，頁一九下。

註一一二　同上註，卷二，頁一五上。
註一一三　同上註，卷一，頁五下。
註一一四　同上註，卷三，頁二二至二三。
註一一五　同上註，卷三，頁二三上。
註一一六　王陽明，「大學問」，陽明全書，前揭書，卷二十六，頁四下。
註一一七　同註一一五。
註一一八　同註八，卷三，頁二上。
註一一九　同上註，卷二，頁七上。
註一二〇　同上註。
註一二一　同上註，卷三，頁二三下。
註一二二　同上註，卷二，頁五上至下。
註一二三　同註八九，頁四。
註一二四　同註八，卷二，頁八上。
註一二五　同註七二，頁三四一。
註一二六　同註八九，頁二七至三四。
註一二七　同註一。

第六章　陽明大學問與四句教之圓融統觀

第一節　大學問與四句教之圓融工夫論

大學問與四句教都是陽明晚年所倡立的重要教法，可代表陽明一生學養之總結。其中四句教因過於簡略，引起很大的誤解與爭論，幸好陽明約略在提出四句教的同時，又有大學問的闡論，使我們可以透過大學問來瞭解陽明對心意知物及其工夫指點的看法，再以此來論述四句教，則比較能得到不背陽明本意的確解。故本節先述明大學問與四句教的工夫論。

四句教的出現，是丁亥年九月陽明五十六歲時，於出發征思田的前夕，因弟子錢德洪與王汝中的論辯而來的。依傳習錄所記：

丁亥年九月，先生起復征思田，將命行時，德洪與汝中論學。汝中舉先生教言曰：無善無惡是心之體，有善有惡是意之動，知善知惡是良知，爲善去惡是格物，德洪曰此意如何？汝中曰：此恐未是究竟話頭。若說心體無善無惡，意亦是無善無惡的意，知亦是無善無惡的知，物亦是無善無惡的物矣。若說意有善惡，畢竟心體有善惡在。德洪曰：心體是天命之性，原是無善無惡的。但人有習心，意念上見有善惡在。格致誠正修，此正是復那性體功夫。若原無善惡，功夫亦不消說矣。是夕，侍坐天泉橋，各舉請正。先生曰：我今將行，正要你們來講破此意。二君之見，正好相資爲用，不可各執一邊。我這裏接人，原有此二種。利根之人，直從本源上悟入。人心本體原是明瑩無滯的，原是個未發之中。利根之人，一悟本體即是功夫，人己內外一齊俱透了。其次，不免有習心在：本體受蔽，故且教在意念上實落爲善去惡。功夫熟後，渣滓去得盡時，本體亦明盡了。汝中之見，是我這裏接利根人的；德洪之見，是我這裏爲其次立法的。二君相取爲用，則中人上下，皆可引入於道。若各執一邊，眼前便有失人，便於道體上各有未盡。既而曰：以後與朋友講學，切不可失了我的宗旨：無善無惡是心之體，有善有惡是意之動，知善知惡的是良知，爲善去惡是格物。只依我這個話頭，隨人指點，自沒病痛。此原是徹上徹下功夫。利根之人，世亦難遇。本體功夫，一悟全透，此顏子明道所不敢承當，豈可輕易望人！人有習心，不教他在良知上實用爲善去惡功夫，只去懸空想個本體，一切事爲，俱不著實，不過養成一個虛寂。此個病痛不是小小，不可不早日說破。是日，德洪與汝中俱有省。

（註一）

又，錢緒山所編陽明年譜五十六歲條下亦記載此事，此即：

九月，壬午，發越中。是月初八日，德洪與畿訪張元沖舟中，因論爲學宗旨。畿曰：先生說知善知惡是良知．爲善去惡是格物，此恐未是究竟話頭，德洪曰：何如？畿曰：心體既是無善無惡，意亦是無善無惡，知亦是無善無惡，物亦是無善無惡。若說意有善有惡，畢竟心亦未是無善無惡。德洪曰：心體原來無善無惡，今習染既久，覺心體上見有善惡在。爲善去惡，正是復那本體工夫。若見得本體如此，只說無功夫可用，恐只是見耳。畿曰：明日先生啓行，晚可同進請問。是日夜分，客始散，先生將入內，聞洪與畿候立庭下，先生復出，使移席天泉橋上，德洪舉與畿論辨請問。先生喜曰：正要二君有此一問，我今將行，朋友中更無有論證及此者。二君之見，正好相取，不可相病。汝中須用德洪工夫，德洪須透汝中本體。二君相取爲益，吾學更無遺念矣。德洪請問。先生曰：有只是你自有，良知本體原來無有。本體只是太虛，太虛之中，日月星辰，風雨露雷，陰霾曀氣，何物不有？而又何一物得爲太虛之障？人心本體亦復如是。太虛無形，一過而化，亦何費纖毫氣力？德洪功夫須要如此，便是合得本體功夫。畿請問。先生曰：汝中見得此意，只好默默自修，不可執以接人。上根之人，世亦難遇。一悟本體即見功夫，物我內外一齊盡透，此顏子明道不敢承當，豈可輕易望人？二君以後與學者言，務要依我四句宗旨：無善無惡是心之體，有善有惡是意之動，知善知惡是良知，爲善去惡是格物。以此自修，直躋聖位。以此接人，更無差失。畿曰：本體透後，於此四句宗旨何如？先生曰：此是徹上徹下語。自初學以至聖人，只此功夫。初學用此，循循有入；雖至聖人，窮究無盡。堯舜精一功夫，亦只如此。先生又重囑付曰：二君以後再不可更此四句宗旨。此四句，中人上下無不接著。我年來立教，亦更幾番，今始立此四句。人心自有知識以來，已爲習俗所染。今不

教他在良知上實用爲善去惡功夫，只去懸空想個本體，一切事爲，俱不著實。此病痛不是小小，不可不早說破。（註二）

此外，王龍溪全集中亦有王畿門人根據王畿口述所錄的「天泉證道記」，也有具重要參考價值的記錄。此即：

陽明夫子之學，以良知爲宗。每與門人論學，提四句爲教法：無善無惡心之體，有善有惡意之動，知善知惡是良知，爲善去惡是格物。學者循此用功，各有所得。緒山錢子謂此是師門教人定本，一毫不可更易。先生謂：夫子立教隨時，謂之權法，未可執定。體用顯微只是一機，心意知物只是一事。若悟得心是無善無惡之心，意即是無善無惡之意，知即是無善無惡之知，物即是無善無惡之物。蓋無心之心則藏密，無意之意則應圓，無知之知則體寂，無物之物則用神。天命之性粹然至善，神感神應，其機自不容已，無善可名，惡固本無，善亦不可得而有也。是謂無善無惡。若有善有惡則意動於物，非自然之流行，著於有矣。自性流行者，動而無動；著於有者，動而動也。意是心之所發。若是有善有惡之意，則知與物一齊皆有，心亦不可謂之無矣。（王龍溪語錄卷一，天泉證道記）

上述這三種資料是我們討論四句教的基本依據。在這三種資料中，記錄者雖各以其觀點強調某一論點，但綜合起來，則可使我們對天泉證道四句教有一比較完整的了解。

首先，由上述三種資料我們可以確定陽明晚年確實提過四句教法，這四句教的主要內容就是「無善無惡心之體，有善有惡意之動，知善知惡是良知，爲善去惡是格物。」對這四句教後來的學者有許多不同意見，像明末劉宗周就曾說：「四句教法，考之陽明集中，並不經見，其說乃出於龍溪，則陽明未定之見，平日嘗有是言，而未敢筆之於書，以滋學者之惑。」（明儒學案，師說）這是認爲四句教爲陽明未定之見，而係出於王畿者。然依上所引之資料來看，劉宗周這種說法並不能成立。蓋無論王畿或錢德洪都是陽明大弟子，所謂「每與門人論學，提四句爲教法」及四句爲「先生教言」的共同說法不可能毫無所本。何況陽明的思想亦原可推演出四句教的說法，若說「不經見」，更可證明這是晚年才確立的教法。

其次，天泉證道乃因錢德洪與王畿之論辯而起，王畿認定四句教只是「權法」，德洪則視爲「定本」。可見二人的爭論重心在四句教的後三句，亦即雙方都在肯定心爲無善無惡之後，對意、知、物是否有善惡看法不同。照王畿所言，順心之無善無惡，意知物皆無善無惡，故主張「四無」；而德洪則堅持在意念所發上有實在爲善去惡的工夫，要以格致誠正修，復其性體。王畿卻說因此種「化其不善以歸於善」之對治關係，心、知、物將隨之有善惡可言，故指此爲「四有」。換言之，王錢二人的爭論實在於對「工夫」途徑的不同體認，此與後人將討論重點置於四句教的第一句是明顯不同的。而陽明之調和「四有」、「四無」，亦是從修行工夫著眼，故有兩種方法應該「相取爲用」、「正好相取，不可相病」等相資爲用、不可偏廢的說法。蓋四句教除首句「無善無惡心之體」是指本體言外，其餘三句都是指工夫而言，因此陽明自信四句教的特色不僅容納了上根下根兩種教法，更在於四句教適用於每一種人，可以使各種人「超凡入聖」，故說四句教是「澈上澈下」的工夫，也一再指示「二君以後與學者言，務必依我四句宗旨。」此亦可見四句教的重點在教人實做工夫，非爲心意知物下客觀的定義，更不在空談本體。然因四句教過於簡略，陽明晚年對工夫的論說到底爲何，我們很難直接從四句教來說明。幸好陽明在提出四句教的前一個月，即丁亥八月，對心意知物及工夫等問題做了詳細的解說，此即大學問之內容。故雖然二者所要表達的內容未必全同，但我們仍可以從大學問來瞭解陽明的看法，由此也可進一步明白四句教工夫論的眞正意涵。

陽明受學風影響，論學多次籍解說大學之心意知物來講述其本人的一套工夫，最早可從龍場「格物致知」之悟開始，其後無論「格物以誠意」或「致良知」都是同一義理的發揮，只是愈趨精熟而已。例如傳習錄上徐愛所記陽明的：「身之主宰便是心，心之所發便是意，意之本體便是知，意之所在便是物。」即貫通其一生論學心得。迨提四句教時，所謂「年來立教，亦更幾番，今始立此四句」，仍是本諸對心意知物融通之後的解說。但是除傳習錄的一些記載外，陽明眞正通貫全盤討論大學心意知物內涵者，應爲大學問。此即何以我人要先從圓融統觀來說明大學問與四句教工夫論之原因，因爲唯其如此我人才可眞正體認陽明四句教之意涵及其晚年思想之特色。而就大學問內容言，陽明弟子錢德洪曾爲大學問作序云：

吾師接初見之士，必借學庸首章以指示聖學之全功，使知從入之路。師征思田，將發，先授大學問，德洪受而錄之。（註三）

這表示大學問是嘉靖六年丁亥秋陽明起征思田時，由陽明口授而錢德洪筆錄者。德洪曾說大學問是王門「教典」，代表陽明幾經變化而終臻成熟的看法，具有經典的意義。陽明居越之後，凡有心來學者，皆先授以大學首章之意，爲此弟子才多次請求陽明將講授內容整理成文，直至丁亥征思田之時，陽明始許門弟子錄而成書，可見陽明之愼重與此書之價值。大學問只解首章，但卻詳盡圓融，與古本旁釋不同。茲就圓融統觀將其說明於下。

陽明首先對從修身落實於致知在格物的工夫次序與如何用力此一問題，回答說：

> 蓋身心意知物者，是其工夫所用之條理；雖亦各有其所，而其實只是一物。格致誠正修者，是其條理所用之工夫；雖亦皆有其名，而其實只是一事。（註四）

這表示陽明本諸圓融統觀，認爲從修身到格物只是一個工夫。故身心意知物之分析說明，只是因做工夫的層層精進，才分出這些條理，而就這些條理而用其工夫，也才有格致誠正修的不同。然總體來看，陽明追求工夫的逐層落實是其基本態度，而「只是一事」、「只是一物」的說法，則代表陽明一貫圓融統會的觀點。因此，陽明四十八歲時對陳九川所說：「身心意知物是一件」，及四句教的「徹上徹下語」，都是爲指點工夫，而一切涉及心意知物之不同形容，只是「工夫所用之條理」、「條理所用之工夫」上的不同，本質上仍爲相同一物。對此，陽明先從說明身、心及修身、正心入手，他說：

> 何謂身？心之形體運用之謂也。何謂心？身之靈明主宰之謂也。何謂修身？爲善去惡之謂也。

吾身自能為善而去惡乎？心其靈明主宰者欲為善而去惡，然後其形體運用者始能為善而去惡也。故欲修其身者，必在於先正其心也。（註五）

這表示陽明認為「身」不是生理性軀體，而是心意流通所表現出來的活動和行為，修身就是使個人的行為合乎道德標準，而此又要以為善去惡之心為本，故修身必先求正心。這其間是為了求工夫落實才有條理上的分層，但就圓融統觀言，其運用處只是同一工夫而已。進而陽明又說：

然心之本體則性也，性無不善，則心之本體無不正，何從而用其正之之功乎？蓋心之本體本無不正，自其意念發動而後有不正。故欲正其心者，必就其意念之所發而正之。凡其發一念而善也，好之真如好好色；發一念而惡也．惡之真如惡惡臭；則意無不誠而心可正矣。（註六）

陽明論修身時，說「欲修其身者先正其心」，是就心整體而言，是將體用包含一起而說的。可是當論及心之本體時，也許還是有人會有「心之本體本無不正」及「何從而用其正之功」的疑惑？然這二者並無矛盾。蓋體上原本不能做工夫，工夫只能在發用處顯現，而心之發用是意，於是正心乃落實在誠意。由於這個緣故，陽明中年特別提示誠意的重要，此固是陽明本諸圓融統觀即用以明體的識見，也是後來四句教「無善無惡心之體，有善有惡意之動」的依據。但在此我人更可看出，陽明論格致誠正並非做完一項再做另一項，其分析條理工夫，只是說每一項工夫雖本質上相同，卻可因工夫的深入，轉換成更深一層工夫。因此，陽明又說誠意與致知的關係：

然意之所發，有善有惡．不有以明其善惡之分，亦將真妄錯雜，雖欲誠之，不可得而誠矣。故欲誠其意者，必在於致知焉。……致知云者，非若後儒所謂充廣其知識之謂也，致吾心之良知焉耳。……凡意念之發，吾心之良知無有不自知者；其善歟，惟吾心之良知自知之；其不善歟，亦惟吾心之良知自知之；是皆無與於他人者也。……今欲別善惡以誠其意，惟在致其良知之所知焉爾。何則？意念之發，吾心之良知既知其爲善矣，使其不能誠有以好之而復背而去之，則是以善爲惡，而自昧其知善之良知矣。意念之所發，吾之良知既知其爲不善矣，使其不能誠有以惡之，而復蹈而爲之，則是以惡爲善，而自昧其知惡之良知矣。……則雖曰知之，猶不知也，意其可得而誠乎？今於良知所知之善惡，無不誠好而誠惡之，則不自欺其良知而意可誠也已。

（註七）

前云「心之本體本無不正」，故「必就其意念之所發而正之」，在四句教就是「無善無惡心之體，有善有惡意之動」。蓋「本無不正」就是超善惡相，不可以善惡形容，故言「無善無惡」。蔡仁厚即說：所謂「無善無惡心之體」，是先抽象陳述一個潛隱自存的本體，這個本體是道德之根、價值之源。但因這心體是「理」不是「事」，及此純善心體是未經分劃的本源原始之絕對，故不能用名相加以陳述。這種「無」反而可以藉遮撥善惡對待相，以凸顯其超越性、尊嚴性與純善性（註八）。可是爲什麼「本無不正的心體」在發動時，卻出現「有善有惡」的意呢？牟宗三說：「『意之動』之有善惡，則正因人有軀殼一面，（即氣質一面，動物性一面），故其動也，不必其純承乎心體，而或亦可爲軀殼所引也，此即陽明所謂隨軀殼起念矣。」（註九）可見，人受物性軀體的影響，易受欲念牽引而滋生惡念。此時，則要靠良知做判定是非的標準，否則就會像陽明所說「意之所發，有善有惡，不有以明其善惡之分，亦將眞妄錯雜，雖欲誠之，不可得而誠矣。」故「欲其意者，必在於致知」。蓋人必須先有知善知惡的能力，然後去是是非非，使惡念在良知之「致」中消化於無形，然後誠意的工夫才可眞正落實，故陽明才從誠意工夫來肯定良知的重要，再從致良知的工夫來代替誠意的工夫。於是陽明才以致良知爲一生求學之最後定見，四句教中也才有所謂「知善知惡是良知」。牟三宗即說：「意有善惡，而有良知以冒之，以保住心體之純，則反之，心體之純亦不保意之必無善無惡之時也。如此，始有工夫可言。」（註一〇）這足証大學問與四句教都是陽明本諸圓融統觀，將本體與工夫打成一片之論述，是最眞切具體的工夫論。

陽明又解釋「致知在格物」，他說：

然欲致其良知，亦豈影響恍惚而懸空無實之謂乎？是必實有其事矣！故致知必在於物。物者事也，凡意之所發，必有其事，意所在之事謂之物。格者正也，正其不正，以歸於正之謂也。正其不正者，去惡之謂也；歸於正者，爲善之謂也，夫是之謂格。書言格於上下，格於文祖，格其非心，格物之格實兼其義也。良知所知之善，雖誠欲好之矣！苟不即其意之所在之物而實有以爲之，則是物有未格，而好之之意猶爲未誠也。良知所知之惡，雖誠欲惡之矣！苟不即其意之所在之物而實有以去之，則是物有未格，而惡之之意猶爲未誠也。今焉於其良知所知之善者，即其意之所在之物而實爲之，無有乎不盡；於其良知所知之惡者，即其意之所在之物而實去之，無有乎不盡；然後物無不格，而吾良知之所知者無有虧缺障蔽，而得以極其至矣！夫然後吾心快然無復餘憾而自慊矣！夫然後意之所發者始無自欺而可以謂之誠矣！故曰物格而后知至，知至而後意誠，意誠而后心正，心正而後身修。蓋其功夫條理，雖有先後次序之可言，而其體之惟一，實無先後次序之可分；其條理功夫，雖無先後次序之可分，其用之惟精，固有纖毫不可得而缺焉者。此格致誠正之說所以闡堯舜之正傳而爲孔氏之心印也。（註一一）

此說明物者事也，意之所在爲物；格者正也，正其不正以歸於正。故誠意必落實在格物，陽明中年倡「格物以誠意」就是立基於此。然晚年陽明從誠意推至良知，故致良知就是使良知發揮貫注於日常事爲之間，這表示致良知的工夫要到格物才落實，所以說：「物無不格，而吾之良知之所知者無有虧缺障蔽，而得以極其至矣！」因此，四句教的最後一句才是「爲善去惡是格物」。牟宗三亦說：「蓋物是意之感應所在。意之動處有善惡，則物自亦隨之有正不正，此即物之有善有惡矣。若意一往是順承良知心體而發，而爲誠意善意，即一往是天心之流露，則其感應之物自亦無往不是至善矣。」（註一二）由此可見一旦做了格物的工夫，上述諸項工夫也就全部完成。因之，大學才有「格物而后知至，知至而后意誠，意誠而後心正，心正而後身修」之說明。此間，物格就是工夫的全部完成，也是工夫的究底落實處。於是，陽明不但說「其功夫條理，雖有先後次序之可言，而其體之惟一，實無先後次序之可分。」更說「其條理功夫，雖無先後次序之可分，其用之惟精，固有纖毫不可得而缺焉者。」此種論說確實可以幫助我人了解四句教，也看出陽明如何本諸圓融統觀貫通心意知物，使條理與工夫融會通貫了。蔡仁厚即據此而將四句教列爲下述簡表（註一三）此足供我人參考。

心體無善無惡
├ 粹然至善
└ 超善惡相
　→ 心之所發：意
　　├ 順心體而呈現：善
　　└ 順軀殼而呈現：惡

良知
├ 知善──好善
└ 知惡──惡惡
　→ 致知格物：爲善去惡
　　├ 純化意念──誠意
　　└ 純化意念之內容──格物

第二節　「四有」與「四無」之會通

王陽明年譜與傳習錄上有關天泉問答的記錄是出於德洪之手，其中並沒有「四有」、「四無」的說法。「四有」、「四無」是由汝中所說：「四無之說爲上根人立教，四有之說爲中根以下人立教。」而來。依這個觀點，「四無」是指汝中所謂心意知物皆爲無善無惡，「四有」則爲德洪的看法。但是，陽明本人既要錢、王二人「相取爲益」、「相資爲用」，就表示他不主張「四有」也不主張「四無」，他的四句教是「四有」、「四無」的會通。陽明另一弟子鄒東廓就曾爲文記曰：「陽明夫子之平兩廣也，錢王二子送於富陽。夫曰：予別矣，盍各言所學。德洪對曰：至善無惡者心，有善有惡者意，知善知惡是良知，爲善去惡是格物。畿對曰：心無善無惡，意無善無惡，知無善無惡，物無善無惡。夫子笑道：洪甫須識汝中本體，汝中須識洪甫工夫，二子打拼爲一，不失吾傳矣。」（「青原贈處」，鄒東廓文集卷三）東廓此記，或將天泉證道與嚴灘問答相混。然由其所記，我人可看出，德洪主張爲善去惡以復其本體之善，故對「無善無惡心之體」的說法不契，而汝中雖對本體有所悟，卻不一定能開展相應的工夫。所以，陽明要「二子打拼爲一」，就是說唯有圓融統觀下的四句教才是融和會通「四有」、「四無」的「澈上澈下」工夫，能夠即頓即漸、即有即無，即工夫即本體。而陽明一再強調「二君以後與學者言，務要依我四句宗旨」正是此理。

在說明陽明會通「四有」、「四無」前，我人先說明一下「四有」、「四無」說與陽明教旨的關係。蓋以「四有」爲論，所表現者是陽明重工夫的立場，德洪自亦有所見，他說：

> 心體原來無善無惡，今習染既久，覺心體上見有善惡在。爲善去惡，正是復那本體功夫，若見得本體如此，說無功夫可用，恐只是見耳。（註一四）

這是說就算心體原是無善無惡，但事實上人一經習染就會有意念上的善惡，而覺有善惡之分，故必須爲善去惡，始能回復無善無惡的本體。否則論什麼無善無惡，只是空話。這是由工夫以復本體的一路，也是利根以下的人下學上達的依據。陽明亦說：「其次不免有習心在，本體受蔽，故且教在意念上實落爲善去惡。功夫熟後，渣滓去得盡時，本體亦明盡了。」（註一五）。其實不僅利根以下的人應實落爲善去惡工夫，就是聖人也應該如此。因此，陽明也說：「聖人只是保全無些障蔽，兢兢業業亹亹翼翼，自然不息，便也是學。」（註一六），故即使如聖人心體般的潔淨，亦須有保全的工夫，要兢兢業業地爲善去惡，這就是聖人的「學知」。否則連聖人都會「懸空想個本體」，何況凡人？可見「四有」說確是依陽明教旨而立論的。

再就「四無」說來看，「四無」是接利根人的法門，其特色在不從對治習心入手，而「直從本源上悟入」，是一種「一悟本體，即是功夫」的說法。這種說法在陽明思想中也有其依據的。蓋陽明在龍場之悟時所說：「聖人之道，吾性自足」，厚亦含藏「人己內外一齊俱透」的「一悟本體，即是功夫」的可能。而陽明在倡知行合一初期所謂之靜坐自悟心體，也與「四無」說相通，如其所說：「悟後六經無一字，靜餘孤月湛虛明」，都是悟入心體的教法。再如傳習錄上所記之：

問：古人論性，各有異同，何者乃爲定論？先生曰：性無定體，論亦無定體。有自本體上說者，有自發用上說者，有自源頭上說者，有自流弊處說者。……性之本體原是無善無惡的；發用上也原是可以爲善，可以爲不善的；其流弊也原是一定善一定惡的。……孟子說性，直從源頭上說來，亦是說個大概如此。荀子性惡之說，是從流弊上說來，也未盡說他不是，只是見得未精耳。衆人則失了心之本體。問：孟子從源頭上說性，要人用功在源頭上明徹；荀子從流弊說性，功夫只在末流上救正，便費力了。先生曰：然。（註一七）

陽明此處認爲「孟子說性，直從源頭上說來，亦是說個大概如此」，因爲若說到究竟應是「性之本體，原是無善無惡的」。而荀子性惡說，則是從發用、流弊處說，故「功夫只在末流上救正」。可是如果從本體、源頭上說，就該是無善無惡的，這樣才能「要人用功在源頭明徹」。陽明既認為「末流上救正」，很「費力」，當然係贊成「源頭上明徹」這與「四無」說就極其相近了。

「四無」說雖亦本於陽明義理而立論，但陽明四句教並不即是「四無」說。蓋陽明在一度主張靜坐澄悟之後，立刻發現這種工夫法門容易「喜靜厭動，流入枯槁之病；或務為玄解妙覺，動人聽聞」，遂改為提示事上磨鍊。這表示陽明深知類似「四無」說這種說法易有流弊，乃採謹愼確實一路以教人，力言「誠意」、「致良知」的重要。牟宗三亦指出「四無說」：「或是由心體之至善而形式地直接推下來，此則蹈空而無實，即，未能落在工夫上而為言。……此不可謂為工夫上之教法，亦不可謂是上根人頓悟之學。一悟至此，並不算數。悟至此境，並不即是終身有之。」（註一八）。故陽明之四句教雖與「四有」、「四無」都有相通處，然卻更是本諸圓融統觀會通「四有」、「四無」之最終見解，有「四有」說之眞切具體，亦有「四無」說之高明簡易。

綜觀陽明一生所言，他確實是始終堅信圓融統觀之即本體即工夫，才是教法的最高依據，也才有四句教可言。傳習錄記載他四十七歲以前就有這種見解：

守衡問：大學工夫只是誠意，誠意工夫只是格物。修齊治平，只誠意盡矣！又有正心之功，有所忿懥好樂，則不得其正，何也？先生曰：此要自思得之。如此，則知未發之中矣！守衡再三請。曰：為學工夫有淺深。初時若不著實用意去好善惡惡，如何能為善去惡？這著實用意，便是誠意。然不知心之本體原無一物，一向著意去好善惡惡，便又多了這分意思，便不是廓然大公，書所謂無有作好作惡，方是本體，所以說有所忿懥好樂，則不得其正。正心只是誠意工夫裡面體當自家心體，常要鑑空衡平，這便是未發之中。（註一九）

這表示陽明要學者一方面確確實實的爲善去惡，而說誠意是大學工夫指點的關鍵；但另一方面則說人又不可「著意」於好善惡惡，否則心體就不能鑑空衡平，在死守執著「這分意思」之時，就不能廓然大公了。亦即在心體「不得其正」時，心意必有執著，行爲必有偏失，所以陽明在倡誠意之外，還要講正心，就是要我人在好善惡惡工夫過程中，體會心體本然無善無惡，「無有作好作惡」的狀態。此理，陽明曾以致良知來說明：

問：聲色貨利，恐良知亦不能無。先生曰：固然。但初學用功，卻須掃除蕩滌，勿使留積，則適然來遇，始不爲累，自然順而應之。良知只在聲色貨利上用功，能致得良知精精明明，毫髮無蔽，則聲色貨利之交，無非天則流行矣。（註二〇）

不思善不思惡時認本來面目，此佛氏爲未識本來面目者設此方便。本來面目即吾聖門所謂良知，今既認得良知明白，即已不消如此說矣。隨物而格是致知之功，即佛氏之常惺惺，亦是常存他本來面目耳。體段工夫大略相似，但佛氏有個自私自利之心，所以便有不同耳。今欲善惡不思，而心之良知清靜自在，則已涉及思善之患。……良知只是一個良知而善惡自辨，更有何善何惡可思。（註二一）

聖人致知之功至誠無息，其良知之體皦如明鏡略無纖翳，妍媸之來隨物見形，而明鏡曾無留染，所謂情順萬事而無情，無所住而生其心。……明鏡之應物，鈃者妍、媸者媸，一照而皆眞，即是生其心處。妍者妍、媸者媸，一過而不留，即是無所住處。（註二二）

這表示，陽明本諸圓融統觀，不僅認爲致良知是本體功夫，更指出致良知是無所用其心的圓融感通，故在常惺惺一照而皆眞之際，仍能無將迎意必之心，有所謂情順萬物而無情，能一過而不留，如此不但上達「天則流行」，亦爲「善惡自辨，更有何善何惡可思」？於是陽明亦乃說若知「良知常居優閒無事之地而爲之主」，則「知此則知未發之中，寂然不動之體，而有發而中節之和，感而遂通之妙矣。」（註二三）。這正是圓融統觀之即寂即感、神感神應的圓融感通之理，故陽明四句教所言「無善無惡心之體」，就是指良知心體之無滯無障、即寂即感。對這一點，陽明又說過：

但要認得良知明白。比如月光，亦不可指著方向，一隙通明，皆是日光所在。雖雲霧四塞，太虛中色象可辨，亦是日光不滅處，不可以雲能蔽日，教天不要生雲。七情順其自然之流行，皆是良知之用，不可分別善惡，但不可有所著。七情有著，俱謂之欲，俱爲良知之蔽。然才有著時，良知亦自會覺，覺即蔽去復其體矣。此處能戡得破，方是簡易透徹工夫。（二四）

有只是你自有，良知本體原來無有，本體只是太虛，太虛之中，日月星晨風雨露雷陰霾曀氣，何物不有？而又何一物得爲太虛之障？人心本體亦復如是，太虛無形，一過而化，亦何費纖毫之氣力。（註二五）

這無不表示致良知無意必固我之執，是一種物來順應的簡易透徹工夫。因此即使七情等「雲霧四塞」，只要「順其自然之流行」，良知「自會覺」自能去蔽，故「何物不有？又何一物得為太虛之障？」這種「一過而化」的實致良知，才可以說「良知之用，不可分別善惡」。否則把致良知當成為善去惡而誤以為必須死守一致良知之心念則也是執著蔽障，故陽明又說：

先生嘗語學者曰：心體上著不得一念留滯，就如眼著不得些許子塵沙。些子能得幾多，滿眼便昏天黑地了。又曰：這一念不但私念，便好的念頭亦著不得些子。如眼中放些金玉屑，眼亦開不得了。（註二六）

夫惟有道之士眞有以見其良知之昭明靈覺，圓融洞徹，廓然與太虛同體，太虛之中何物不有，而無一物能為太虛之障礙。蓋吾良知之體本自聰明睿知，本自寬裕溫柔，本自發強剛毅，本自齋莊中正、文理密察，本自溥博淵泉而時出之，本無富貴之可慕，本無貧賤之可憂，本無得喪之可欣戚、愛憎之可取舍。……故凡慕富貴、憂貧賤、欣戚得喪、愛憎取舍之類，皆足以蔽吾聰明睿知之體而窒吾淵泉時出之用，若此者如明目之中而翳之以塵沙，聰耳之中而塞之以木楔也。……故凡有道之士，其於慕富貴、憂貧賤、欣戚得喪而取舍愛憎也。若洗目中之塵而拔耳中之楔，其於富貴貧賤得喪愛憎之相，值若飄風浮靄之變化於太虛，而太虛之體固常廓然其無礙也。（註二七）

所謂由致良知以契悟無善無惡心之體，就是說良知之不為善惡相所染，此固「眼著不得些許子塵沙」，亦著不得金玉屑，因爲「如眼中放些金玉屑，眼亦開不了」。這種超善惡相的無執無蔽良知，才是一「昭明靈覺，圓融洞徹，廓然與太虛同體」的良知，故一切欣戚得喪、愛憎取舍，皆須「若洗目中之塵沙而拔耳中之楔」，方能大其心觀天下之物，去自見自是自伐自矜之心。於是在內心良知亭當平正的發用流行中，因物之是而是之，因事之是而是之，因理之是而是之，誠所謂虛靈明覺可以融一眞而入妙，可以混萬理以歸元，陽明稱此爲「圓融洞徹」，亦正見其說是圓融統觀之發揮。在傳習錄中陽明對由致良知以悟無善無惡心之體的說明另有：

> 侃去花間草，因曰：天地間何善難培惡難去？先生曰：未培未去耳。少間曰：此等看善惡，皆從軀殼起念，便會錯。侃未達。曰：天地生意，花草一般，何曾有善惡之分。子欲觀花，則以花爲善，以草爲惡。如欲用草時，復以草爲善矣。此等善惡，皆由汝心好惡所生，故知是錯。曰：然則無善無惡乎？曰：無善無惡者理之靜，有善有惡者氣之動，不動於氣即無善無惡，是謂至善。曰：佛氏亦無善無惡，何以異？曰：佛氏著在無善無惡上，便一切都不管，不可以治天下。聖人無善無惡，只是無有作好，無有作惡，不動於氣。然遵王之道，會有其極，便自一循天理，便有個裁成輔相。曰：草既非惡，即草不宜去矣。曰：如此卻是佛老意見，草若有礙，何妨除去？曰：如此又是作好作惡。曰：不作好惡，非是全無好惡，卻是無知覺的人。謂之不作者，只是好惡一循於理，不去又著一分意思。如此，即是不曾好惡一般。曰：去草如何是一循於理，不著意思？曰：草有妨礙，理亦宜去，去之而已。偶未即去，亦不累心。若著了一分意

> 思，即心體便有貽累，便有許多動氣處。……曰：如好好色，如惡惡臭，如何？曰：此正是一循於理，是天理合如此，本無私意作好作惡。曰：如好好色，如惡惡臭，安得非意？曰：卻是誠意，不是私意。誠意只是循天理。雖是循天理，亦著不得一分意。故有忿懥好樂，則不得其正。須是廓然大公，方是心之本體，知此即知未發之中。（註二八）

這是說良知是天理，只要自然順應良知之昭明靈覺，不著一分私己偏執之意思，就是至善。故在致良知時，若存心有作好作惡之心念，就是著了一分意思，便是動氣，因爲凡著意者，必不免向外求有功或求有所得，就會有與本性自然天理流行相違反的虛僞造作言行矣。由此可知，陽明認爲致良知只是廓然大公、一循天理，這種無有作好無有作惡就是誠意。反之，若「善惡皆由汝心好惡所生」，以自我利害來考量，一下以花爲善，一下又以草爲善，則「心體便有貽累，便有許多動氣處」，這就是私意了。故陽明在此所說的「無善無惡」，作爲工夫來說，不是混淆是非，不辨善惡之意，而是指「不著意思」、「不動於氣」之「無有作好無有作惡」的意思。因此，就致良知的工夫實踐而言，人自然應有「草有妨礙，理亦宜去」的好善惡惡，然在現實機緣上「偶未即去，亦不累心」，這才使陽明能從致良知開啓「無善無惡」之論。牟宗三亦曾就此而說：「若不實落在良知上，而自『無』處立根基，即本體便是工夫，則適成虛脫耳。而若落在良知上，則良知即本體也，良知即至善無對也。然而冒乎意之上而透露並保住純粹至善之心體，且亦使爲善去惡或善善相續流行，純善而無惡，爲可能。故云即工夫即本體也。此尚不可謂頓悟乎？若云一了百了，當下即是，此即一了百了，當下即是矣。」

（註二九）。對此，陽明亦曾說：

……仙家說虛從養生上來，佛氏說無從出離生死苦海上來，卻於本體上加卻這些子意思在，便不是他虛無的本色了，便於本體上有障礙。聖人只是還他良知的本色，更不著些子意在。良知之虛，便是天之太虛，良知之無，便是太虛之無形。日月風雷山川民物，凡有貌象形色，皆在太虛無形中發用流行，未嘗作得天的障礙。聖人只是順其良知之用，天地萬物俱在我良知的發用流行中，何嘗又有一物於良知之外能作得障礙。（註三〇）

此即是說所謂「無善惡心之體」是指良知具有的「虛」、「無」特性，這種特性表現在良知之不「著」於某一固定物，而使良知發用流行無滯無障。唐君毅亦曾對陽明這種本諸圓融統觀所開示的和諧感通道理說：「人之欲有其應物感通之用，以呈顯此心之理者，亦正當於其無物可應之時，即以此虛靈明覺之保任涵養爲工夫；而即于此中之無聲無臭、不睹不聞、何思何慮、空空寂寂之處，知此天理之現成在此，而未嘗不流行。是即陽明詩所謂『無聲無臭獨知時，此是乾坤萬有基』也。」（註三一）。故陽明所謂無善無惡，乃德性工夫成就過程上的無偏無私，以及工夫成就後的化境。做工夫時須有這種領悟，方才合乎陽明所謂之本體之工夫也。此可再引一段話爲證：

先生起征思田，德洪與汝中追送嚴灘。汝中舉佛家實相幻相之說，先生曰：有心俱是實，無心俱是幻；無心俱是實，有心俱是幻。汝中曰：有心俱是實，無心俱是幻，是本體上說功夫；無心俱是實，有心俱是幻，是功夫上說本體，先生然其言。洪於是時尚未了達。數年用功，始信

本體功夫合一。但先生是時因問偶談。若吾儒指點入處不必借此立言耳。（註三一）

這段後人稱爲「嚴灘問答」的記載，旨在說明本體工夫合一。所謂有心無心是指著意與不著意。從本體上說工夫，本體透徹，還須事爲上有爲善去惡的工夫，這是「有心俱是實」；若不下實功，則只不過空談，故「無心俱是幻」。從工夫上說本體，工夫之實有所得，必在做工夫時，內心廓然大公盡去私意，此即「無心俱是實」；若著私意，有意必之心，善惡工夫就虛僞造作，成爲「有心俱是幻」了。

由以上所論，我們可以看出，陽明所標示的本體工夫即要本體明覺無滯，又須表現在工夫之上。故四句教的首句雖言「無善無惡心之體」，却在良知發用中落實歸結在「爲善去惡是格物」。這樣一來，陽明才眞正本諸圓融統觀將「四有」、「四無」會通起來。蔡仁厚乃說：「四句教並非只是後天的，亦非徹底的漸教；它即有先天義，亦可達到頓時的化境。」（註三二）。總之，從圓融統觀來看，陽明的四句教融合「四有」、「四無」，既有工夫實踐的確實指點，又去除我人之意必固我相，庶乎良知發用，不思而得、不免而中，心地一片光明瑩徹，有誠、神、幾之嘆，眞是直而無曲，圓而無缺、盈而無虛、統而貫之的教法也。

第三節　大學問所展現之圓融統觀理想

一、萬物一體與圓融統觀

湛若水撰「陽明先生墓誌銘」中，曾謂早在正德元年陽明與甘泉會於京師，「遂相與定交，講學一宗程氏仁者渾然與天地萬物同體之旨。（註三四）。晚年陽明居越，更藉對大學首章「親民」的解釋，闡發與萬物一體的思想，足證「萬物一體」一直是陽明思想上的一個重要方面。

中國哲學思想，素以萬物一體爲個人修養的最高境界。以儒家言，從孔子之言感通覺潤萬物的「仁」；到孟子言人貴反求諸放心，以破除形骸與外物之隔，而體悟上下天地間一切有情，都匯歸在「萬物皆備於我」；下及宋儒張橫渠「西銘」，與程明道「識仁篇」所顯露的思想，其一脈相傳都是這個通義的發揮，陽明更將這個思想發揮致極。陽明深知吾人常爲形體所拘，自軀殼起念，而妄生貪執，梏失自性，自喪本眞，而有追逐外物不能饜足之患，只見一己之口腹私欲，外物乃淪爲滿足欲望之物，因此而使物我相隔、人己對立。故陽明乃本諸圓融統觀倡良知說，希望由具體道德踐致，以湧現隨事著見之天道，如是能有一與物無對的感通悱惻之情，覺潤萬物，由推己及人的仁念，提鍊出親親仁民愛物之心，而能以心觀心，識得心與宇宙萬物爲一。

陽明晚年對良知的體驗已十分成熟，指引學者，更多先發揮萬物一體之說，再教人做工夫。年譜嘉靖三年五十三歲條下就有：

門人日進。……宮刹卑隘，至不能容。蓋環坐而聽者三百餘人。先生臨之，只發大學萬物同體之旨，使人各求本性，致極良知，以止於至善。功夫有得，則因方設教，故人人悅其易從。（註三五）

蓋程明道識仁篇「仁者以天地萬物爲一體」、「仁者渾然與物同體」之語，實爲宋明理學家的共同理想。陽明在論述致良知時，即多次本諸圓融統觀，就良知對天地萬物的感應來講萬物一體。例如所謂「目無體，以萬物之色爲體；……心無體，以天地萬物感應之是非爲體。」即是說明無論就體用一原或和諧感應，都可看出良知感應發用與萬物爲一體之相關涉。鍾彩鈞即說：「在感應中所建立的不但是實然的存在，更是價値的存在。」（註三六）。所以陽明才能說：「天地鬼神萬物離卻我的靈明，便沒有天地萬物了。我的靈明離卻天地鬼神萬物，亦沒有我的靈明。如此便是一氣流通的，如何與他間隔得？」（註三七）。此即是說天地萬物鬼神與我人的良知靈明相待相成、圓融感通，故是「一氣流通的」，自然也就天地萬物一體矣。

於是，陽明在「大學問」首段中，明確指出：

大人者，以天地萬物爲一體也。其視天下猶一家，中國猶一人焉。若夫間形骸而分爾我者，小人矣。大人之能以天地萬物爲一體也，非意之也；其心之仁，本若是其與天地萬物而爲一也。豈爲惟大人，雖小人之心亦莫不然。彼顧自小之耳。是故見孺子之入井，而必有怵惕惻隱之心焉，是其心之與孺子而爲一體也。孺子猶同類者也；見鳥獸之哀鳴觳觫，而必有不忍之心焉，是其仁之與鳥獸而爲一體也。鳥獸猶有知覺者也；見草木之摧折而必有憫恤之心焉，是其仁之與草木而爲一體也。草木猶有生意者也；見瓦石之毀壞而必有顧惜之心焉，是其仁之與瓦石而爲一體也。是其一體之仁也，雖小人之心亦必有之，是乃根於天命之性而自然靈昭不昧者也，是故謂之明德。小人之心既已分隔隘陋矣。而其一體之仁猶能不昧於若此者，是其未動於欲、未蔽於私之時也。及其動於欲、蔽於私，而利害相攻，忿怒相激，則將戕物圮類，無所不爲；其甚至有骨肉相殘者。而一體之仁亡矣。是故苟無私欲之蔽，則雖小人之心，而其一體之仁猶大人也。一有私欲之蔽，則雖大人之心，而其分隔隘陋猶小人矣。故夫爲大人之學者，亦惟去其私欲之蔽以自明其明德，復其天地萬物一體之本然而已耳。非能於本體之外而有所增益也。（註三八）

蓋如果「大學」是大人之學，那麼「大人者」即「以天地萬物爲一體」之仁者也。仁者感通無隔，故與物無對，不被形骸所間，不被物我內外所分，視中國如一人，天下如一家。這裏所說並非主觀意願亦無神秘幻想，而是仁心感通覺潤之不容已，「非意之也，其心之仁，本若是其與天地萬物而爲一也」。至於所謂「小人」，則反是，其間於形骸、強分人我，心量固小爾。由此可知，大小之分，非關人之本質，所謂「根於天命之性而自然靈昭不昧」之「明德」，「雖小人之心亦必有之」；只可惜小人之仁心，動於欲、蔽於私，失其不忍之心也。所謂大人，則其怵惕惻隱之心，不僅可與將入於井的孺子爲一體，而思有所救援，更可與哀鳴之鳥獸、摧折之草木同爲一體，有憐憫顧惜之心。從此路修行，就是「爲大人之學」。不從此路，則利害相攻於內，忿怒相激於外，傾害萬物、骨肉相殘，「無所不爲」矣。故陽明乃計對大學明德之教，鄭重指出，「惟去其私欲之蔽以自明其明德」，才能「復其天地萬物一體之本然而已耳」。

由上可知，陽明所說之萬物一體乃一廓然大公，而與天地萬物感潤相通者也。亦即由致良知功夫盡去吾人心中種種私念執著，而全是一片光明仁德與和煦精誠，故天下一切只是悱惻之仁直接呈現之流行發育，只是一片生機洋溢，更無封畛，更無對立。因此可說，天性天理天心表現於萬物，更內在於人心，只要吾人有確實之修養實踐工夫，必可發揚宇宙整體的生命理想。此即陽明本諸圓融統觀，通貫天地之道於己身，成人道、立人極，參入天地之化育，和天地萬物相感通的論述也。陽明依此一觀點解說闡發大學首章，旨在由人人本有的「明德」，指點出一體之仁。並說明這仁心不分智愚貴賤是任何人都有的，在顯露興發時，直接隨事感通，則將天下之一切皆涵攝於仁中。此由修身、齊家，推於平天下、度衆生、育萬物都是同一念也。故人不僅與同類之孺子或殘寡有惻隱之心，對鳥獸與草木瓦石必也有憫恤愛惜不忍之心，可知天地萬物實爲一體也。所以，大人之學無他，唯在去私欲以明明德，非於本有之良知明德之外，更有其他之論述。

除「大學問」外，傳習錄中載陽明答顧東橋之後段（即所謂拔本塞源論），亦暢發「與天地萬物爲一體」之旨。其要點有：

夫聖人之心，以天地萬物爲一體。其視天下之人，無外內遠近，凡有血氣，皆其昆弟赤子之親，莫不欲安全而教養之，以遂其萬物一體之念。天下之心，其始亦非有異於聖人也。特其間於有我之私，隔於物我之蔽，大者以小，通者以塞。人各有心，至有視其父子兄弟如仇讎者。聖人有憂之，是以推其天地萬物一體之仁以教天下，使之皆有以克其私，去其蔽，以復其心體之同然。（

註三九）

陽明此種論述，亦皆本於圓融統觀，由人之道德實踐說明與萬物之感通，使道德學與形上學相通貫，故又有：

蓋其心學純明，而有以全其萬物一體之仁，故其精神流貫、志氣通達，而無有乎人己物我之間。（註四〇）

這表示，陽明晚年論心事合一、內外合一、有無合一，都是圓融通達之說，及至倡萬物一體、無人己物我之分，其說更顯眞切簡易，將圓融統觀發揮的淋漓盡致。然其根本是在以良知爲萬物一體的惻怛之心，力言「心學純明」的重要，此實爲其本體工夫的極致說明。

二、明德親民與圓融統觀

陽明早歲曾一度醉心於遊俠辭章與神仙出世，最後因愛親一念重反儒家。這表示，儒家「己立立人、己達達人」、「推不忍人之心」等親親、仁民、愛物基本處世規範，是陽明思想中最重要的部分。故其三十五歲時作山東鄉試錄，即曾就儒家義理而發揮「禹思天下有溺者，由己溺之也；稷思天下有飢者，由己飢之也」的體悟。到晚年時，對儒家與霸者功利、老佛出世等思想之不同，更有極深刻的說明，此在「大學問」上即有：

蓋昔之人固有欲明其明德者矣，然惟不知止於至善，而驁其私心於過高，是以失之虛罔空寂，而無有乎家國天下之施，則二氏之流是矣。固有欲親其民者矣，然惟不知止於至善，而溺其私心於卑瑣，是以失之權謀智術，而無有乎仁愛惻怛之誠，則五伯功利之徒是矣。（註四一）

蓋陽明認爲講明德就必須兼顧天下蒼生，以親民爲要；而現實世界功業設施則須本乎「仁愛惻怛之誠」，才可免於淪爲功利權謀之卑瑣。故就明德親民而言，陽明確實本諸圓融統觀，認爲此二者的關係爲：

以言乎己，謂之明德；以言乎人，謂之親民；以言乎天地之間則備矣。（註四二）

明明德者，立其天地萬物一體之體也。親民者，達其天地萬物一體之用也。故明明德必在於親民，而親民乃所以明其明德也。（註四三）

這是說明德就是我人良知所具天地萬物一體之仁，於是明德之實，必現乎親民，而親民則實現了明德。這樣，人己物我，通貫於天地萬物一體之仁，其體用俱備、缺一不可，眞所謂「言乎天地之間則備矣」。故明明德與親民只是一事，乃天地萬物之立體與達用。陽明中年以前，論明明德主要在正心誠意的事上磨鍊，晚年才更明顯指點明明德須在內心修養之外，有具體親民事爲，使立己與成物都成爲明明德工夫。這正是其本諸圓融統觀，達立己立人一以貫之的境界，也使其工夫愈趨眞切簡易。以「大學問」爲例，「大學」本文並未論及萬物一體的思想，陽明卻以萬物一體思想來詮釋「大學」親民綱領，而說「發大學萬物同體之旨」。此可見陽明萬物一體思想的重點是在民胞物與、仁民愛物親民上的，這也正是圓融統觀理想的闡發。這種思想特質除見諸「大學問」外，嘉靖五年亦即在陽明發表辨別爲學本末，以求與天地萬物爲一體的「拔本塞源論」的兩年之後，陽明在答聶文蔚書中亦有：

夫人者天地之心，天地萬物本吾一體者也。生民之困苦荼毒，孰非疾痛之切於吾身者乎？不知吾身之疾痛，無是非之心者也。是非之心，不慮而知、不學而能，所謂良知也。良知之在人心無間於聖賢，天下古今之所同也。世之君子惟務致其良知，則自能公是非、同好惡、視人猶己，視國猶家，而以天地萬物爲一體，求天下無治不可得矣。古之人所以能見善不啻若己出，見惡不啻若己入，視民之飢溺猶己之飢溺，而一夫不獲若己推而納諸溝中者，非故爲是，而以蘄天下之信己也，務致其良知求自慊而已矣。……是以每念斯民之陷溺，則爲之戚然痛心，忘其身之不肖，而思以救之。……蓋其天地萬物一體之仁，疾痛迫切，雖欲已之，而自有所不容已。（註四四）

所謂「視人猶己、視國猶家」及「視民之飢溺猶己之飢溺」，正是孟子所言之「不忍人之心」的落實與發揮。蓋唯此心所發，見生民現實生活上種種苦難，有所不忍，有「戚然痛心」之感通，故必須有以救之，才能「自慊」。此即言，致良知之感通萬有，能體悟「天地萬物本吾一體」，則對「生民之困苦荼毒」有「雖欲已之，而自有所不容已」的責任。所以，盡吾心一體之仁以親民，是人心自然之要求，陽明又曾說：

吾之父子親矣，而天下有未親者焉，吾心未盡也。吾之君臣義矣，而天下有未義者焉，吾心未盡也。吾之夫婦別矣、長幼序矣、朋友信矣、而天下有未別未序未信者焉吾心未盡也。吾之一家飽暖逸樂矣，而天下有未飽暖逸樂者焉，其能以親乎、義乎、別、序、信乎？吾心未盡也，故於是有紀剛政事之設焉，有禮樂教化之施焉。凡以裁成輔相，成己成物，而求盡吾心焉耳。

（註四五）

由盡心以求心安，在人心本體而言，因是人的至仁境界；然若圓融統觀來看，萬物本來就處於和諧感通「一氣流通」的一體聯繫之中。故天地萬物爲一體既是境界又是本體，而此境界必落實於明明德與親民實踐工夫上，否則「吾心未盡也」。然既要盡心則要有政事教化之推行以求成己成物。是亦即孟子以不忍人之心行不忍人之政。因此，「大學問」次段才有：

曰：然則，何以在親民乎？曰：明明德者，立其天地萬物一體之體也；親民者，達其天地萬物一體之用也。故明明德必在於親民，而親民乃所以明其明德也。是故親吾之父，以及人之父，以及天下人之父，而後吾心之仁與吾之父、人之父、與天下人之父而爲一體矣；實與之爲一體，而後孝之明德始明矣。親吾之兄，以及人之兄，以及天下人之兄，而後吾心之仁與吾之兄、人之兄、與天下人之兄而爲一體矣；實與之爲一體，而後弟之明德始明矣。君臣也，夫婦也，朋友也，以至於山川鬼神禽獸草木也莫不實有以親之，以達吾體之仁，然後吾之明德始無不明，而眞能以天下萬物爲一體矣。夫是之謂明明德於天下，是之謂家齊國治而天下平，是之謂盡性。

（註四六）

蓋如果「大學」是大人之學．那麼「大人者，以天地萬物爲一體者也」。而眞以萬物爲一體，就不能「間形骸、分爾我」，必須由盡己性、盡人性、盡物性，承擔各種義務責任。亦即由近及遠，由「親吾之父」，到「與天下人之父而爲一體」，此「實與之爲一體」，而後「吾之明德」「始明矣」。此一念感通甚至及乎山川鬼神禽獸草木，才是「明明德於天下」，「以達吾一體之仁」，「吾之明德始無不明」。故明德親民只是體用關係，本爲一物，如同知與行一樣是合一的。

總之，陽明本諸圓融統觀論明德親民是一種互爲體用的關係。此即說明，確實致良知以明明德者，以見眞己爲極則，如是方悟吾人所以生之理，即萬物物不息之本原，故能會通萬物爲一己。只要反諸自身，以至誠盡己之性，就使天地萬物俱在良知發用流行中。這樣才從人的自然生命整體之活動中，提昇人類的道德價值，以別於禽獸，並攝理萬物，此亦率性之行。若誠而致之，就是涵萬德藏萬化，必以己立立人，己達達物爲終，而可與天地參。亦唯由人之性靈發露，良知顯現，仁德流行，感通萬物，乃與天地合德，與日月合明，與四時合序，與鬼神合凶。這是陽明所說萬物一體的人生境界，亦就是明明德親民的天地境界。吾人若能本諸圓融統觀，存養擴充此種與天地萬物一體之體認，不但於物界能窮究發明其理則，增加物界之大用，所謂知周萬物，道濟天下，以富有而日新，故能範圍天地之化而不過，曲成萬物而不遺，周浹萬物而無間。更能於萬物間，將心比心，以一仁心之覺潤，去物我內外之隔絕對待，則澈悟萬物與我同性，而無私己小我與萬物之對立。此是盡人道以合天道，使得萬物一體之仁暢遂，這裏全然透顯的是圓融統觀思想特色與理想，也眞是陽明晚年極眞切簡易、廣大高明之教。

【附註】

註　一　王陽明，傳習錄，陽明全書，前揭書，三卷，頁二一至二三。
註　二　王陽明年譜，陽明全書，前揭書，卷三十四，頁一八至一九。
註　三　王陽明，「大學問」，陽明全書，前揭書，卷二十六，頁二上。
註　四　同上註，頁四上。
註　五　同上註。
註　六　同上註，頁四下。
註　七　同上註，頁四至五。
註　八　參閱蔡仁厚，王陽明哲學，前揭書，頁一二六至一二七。
註　九　牟宗三，王陽明致良知教，前揭書，頁六四至六五。
註一〇　同上註，頁六五。
註一一　同註三，頁五，上至下。
註一二　同註九，頁六四。
註一三　同註八，頁一二九。
註一四　同註二，頁一八下。
註一五　同上註。

註一六　同註一，卷三，頁五下。

註一七　同上註，卷三，頁一九至二〇。

註一八　同註九，卷三，頁六六。

註一九　同註一，卷一，頁二六上至下。

註二〇　同上註，卷三，頁二五下。

註二一　同上註，卷二，頁二一上至下。

註二二　同上註，卷二，頁二三下。

註二三　同上註，卷二，頁二〇上。

註二四　同註一，卷三，頁一六至一七。

註二五　同註二，頁一八下。

註二六　同註一，卷三，頁二六下。

註二七　王陽明，「答南元善」，陽明全書，前揭書，卷六，頁八。

註二八　同註一，卷一，頁二二至二三。

註二九　同註九，頁六八。

註三〇　同註一，卷三，頁一三上至下。

註三一　唐君毅，中國哲學原論原教篇，前揭書，頁二二九。

註三二　同註一，卷三，頁二七上。
註三三　同註八，頁一三七。
註三四　湛甘泉，「陽明先生墓誌銘」，陽明全書，前揭書，卷三十七，頁一六上。
註三五　同註二，卷三十四，頁六上。
註三六　鍾彩鈞，王陽明思想之進展，前揭書，頁一六四。
註三七　同註一，卷三，頁二六至二七。
註三八　同註三，頁二。
註三九　同註一，卷二，頁一二上。
註四〇　同上註，卷二，頁一二下。
註四一　同註三，頁三上。
註四二　王陽明，「大學古本序」，陽明全書，前揭書，卷七，頁一二下。
註四三　同註三，頁二下。
註四四　同註一，卷二，頁三〇至三一。
註四五　王陽明，「重修山陰縣儒學記」，陽明全書，前揭書，卷七，頁二二下。
註四六　同註三，頁二下。

第七章 結論

陽明一生，德行純備，事功顯赫，兩者都為後人所推崇。推崇其學行道德者，以王門弟子為主要代表；推崇其事功者則為史學家。其中以事功言，陽明一生曾歷任知縣、巡撫、總督，並在現實政治上有赫赫之功。因此，記載陽明如何少有異稟，如何入仕途，如何在宦途中表現氣節與事功的傳記亦所在多有，此無不表示史學家及後人對陽明功業的傾服。然就陽明學養德行言，則因王學末流的趨於妄誕及後人不能善契陽明講學眞義，竟也使陽明遭受不少批評與誤解。我人認為，陽明之所以能有令人折服的功業，實與其思想具圓融統觀特色，建立通貫一本之論，而煥發出「不離事為之間來講學」的學養德行，有極其密切的關係。本書之闡述陽明哲學具圓融統觀特色，正是要說明陽明學行道德眞精神所在，更盼由此以鼓舞同道，開創剛健力行、致知明德的學風，對現實人文活動增添活力而永保慧命。

事實上，我中國文化本是講求和諧圓融的。以文學藝術為例：中國文字之講究聲詞和諧之美，如詞章起承轉合之結構，四六文俳句與音詞之都麗，詩詞溫柔敦厚之旨，聯對對仗切題之工，一方面求空靈洒脫，一片天機浪漫，顯發個性之自由；一方面又求整體之和諧，有波瀾，亦又有靜水，透出群性的平衡。而中國的藝術如雕塑、建築、繪畫以及其他一切藝術工作，歷代雖有其變異之處，但整體說來都有其相同顯現之著眼點，即既重視外在的均衡對稱之美，復更重視內涵的深遠寧靜的圓融意境，後者尤其是重於前者。哲學思想更不待言。中國哲學是一種圓融應世的思想，一方面講求個人的安身立命，精神妥貼與洒脫性靈之修養；一方面又講求發揮人性，實踐德性，盡人之性，成己成物，於是「德進而不可禦」，以至於聖神功化之極，不但使個人之入世出世相統一，使個人與社會相諧調，更使人之精神可上下於天地之間，表現生命最終極的理想。故中國學問是從推擴己性，從日用常行之間，下學而上達，由小我之修養，一層層推到家庭社會國家，成就一個大的圓融境界。對此種學問的特點牟宗三就曾說：「西方的學問以『自然』爲首出，以『理智』把握自然；中國的學問以『生命』爲首出，以『德性』潤澤生命。」（註一）。若從這個觀點來看，則陽明哲學實爲發揮中國學問到一新的高峰的學問。蓋在陽明哲學中，以致良知爲本，由對人性良知存養擴充之重視，指點物我同體、明德親民之踐致，其對「生命」與「德性」之掌握，實爲中國學問之典型代表。例如，黃梨洲在「姚江學案」中所說陽明之學有「得其門」之前的三變：

先生之學，始泛濫於詞章。繼而徧讀考亭之書，循序格物。顧物理吾心，終判爲二，無所得入。於是出入佛老者久之。及至居夷處困，動心忍性，因念聖人處此，更有何道？忽悟格物致知之旨。聖人之道，吾性自足，不假外求。其學凡三變而始得其門。（註二）

這段記載正表示陽明求學確是以追求生命的學問爲目的者，故能歷經考驗終抉擇堅持於「聖人之道」。在這種精神下，陽明終能成就以發揚生命精神爲目的之圓融統觀思想，而爲發揮中國學問及明代儒學之一新高峰。因此，黃梨洲又在「白沙學案」上說：「有明之學，至白沙始入精微。……至陽明而後大。」（註三）此皆可說明陽明哲學之重要特色，與我人應力求對陽明哲學有相應之了解。

復綜觀陽明思想，遠承孔孟心傳，近接象山而折衷於朱子，爲明理學中「心學」集大成者。其思想以良知德性清暢吾人生命、潤澤天地萬有，成就人己物我。其境界之高，影響之深遠，有明一代，實無出其右者，甚至遠及於朝鮮與日本，流風餘韻至今猶存。經本書前述各章之論述說明，知其所以能如此者，蓋在其本諸圓融統觀，將一切有關實有、生存、生命與價值等問題，皆統攝安置於一個本質上交融互攝、價值交流的廣大和諧系統，而有通貫一本之論。正因爲陽明係憑藉圓融統觀爲其思想之起點，故他不但可解說「身、心、意、知、物，只是一件」，而有本體工夫之提倡。更在道德哲學上主張即知即行的「知行合一」，解決了宋明理學上「知入」與「行入」的兩端爭議。他並由「心即理」、「致良知」之教提供一個簡易眞切的修行方法，使每一個平凡的人，在日常生活驗中去直接做道德實踐、體驗道德價值，進而體悟天地宇宙之道即在我人良知本心，使道德學與形上學通而爲一，把中國哲學中「體用一原，顯微無間」及和諧感通之奧義，在日常生活中全然顯示出來。本書基於此種認識，於說明圓融統觀意涵之後，更分別論說陽明「心即理」、「知行合一」、「致良知」、「四句教」及「大學問」等思想教法都在呈現圓融統觀之思想特色，旨在透過圓融統觀多方闡明陽明哲學之精義。茲再總結所言提出下述研究心得，以爲本書結論。

第一節　圓融統觀爲陽明哲學理論依據亦爲其思想特色

陽明哲學以「良知」爲其核心理論，後人曾分析良知有「現成良知」、「本體良知」與「發用良知」三層意義。現成良知王龍溪所創，意指是非判斷之標準；以現成良知爲基底，經過證悟實修工夫，就有本體良知；而在本體良知磨鍊完成後，向外界發用，建立人文社會之道德觀念，是非善惡及價値判斷之客觀標準，則是發用良知。林繼平即說，陽明以發用良知與其個人智慧、才力、知識及兵學條件相結合，展現爲三方面：⑴是建樹篤實光輝的事功；⑵是開拓人文的大同社會之理想，如「拔本塞源論」之所說者；⑶是顯發「天地萬物一體之仁」，無限擴充仁道精神，瀰漫宇宙、人生、社會，使孔子倡導的仁之中心思想，經過明道、伊川相繼闡發，至陽明而臻於極致（註四）。這種說法是在說明良知發用的實效。然我人細觀陽明論學，則無論是「心即理」或「致良知」，都係本諸圓融統觀用虛靈明覺或昭明靈覺來形容心、理、與良知，而有即現成本體即發用之圓通。蓋從圓融統觀體用一源，和諧感通意涵而言，所謂「現成良知」、「本體良知」、「發用良知」只是同一物而已。這是因爲心、理與良知都是要展現出來或能展現出來的，此種要展現，能展現，自有其昭明、明覺處。而在其展現落實時，必須普萬物而不遺，故一面展現，一面退藏；一面發用，一面收斂，這正是其虛靈、靈覺處。

因此，所謂「現成良知」必經涵養工夫，以自保任其在虛靈明覺中成就道德行爲。然此時之保任虛靈明覺，其涵養工夫本身即爲天理流行，是昭明之「本體良知」。而此「本體良知」必有其用，否則良知既不虛靈亦不明覺，故在即體現用中，人文化成，萬物一體之仁才得落實。這些道理，透過圓融統觀來論析足可得其要義矣。唐君毅亦就此而說明陽明良知之發用與收斂爲：「人之欲有其應物感通之用，以呈顯此心之理者，亦正當於其無物可應之時，即以此虛靈明覺之保任涵養爲工夫；而即于此中之無聲無臭、不睹不聞、何思何慮、空空寂寂之處，知此天理之現成在此，而未嘗不流行。」（註五）。而羅近溪也稱此爲：「徹天徹地，貫古貫今，要皆一知以顯發而明通之者也。」（盱壇直詮上卷二十五頁）。然此皆係圓融統觀之開展而成者。

進一步可言，正因爲陽明哲學具圓融統觀體用合一、和諧感通之意涵，陽明論學直指人之生命可爲良知之天理所貫徹充周，而生命活動之所及，即有感通之事，感通之事所在之處，即良知靈明之所在，即天理之所在，陽明乃有本體工夫之謂。此外，良知有所感，即有所應，其感通之所在，即行之所在，所謂只是良知之自然發靈流行，自充塞於天地之間，涵蓋天地之靈明。故「心即理」、「知行合一」、「致良知」皆成其即體現用，和諧感通之通貫一本之論。牟宗三對此有兩段重要的說明。他在解說良知體用合一之理時曾說：

中土聖哲從未隔離而言本體。是以本體必內在。此蓋自工夫入，而工夫必歸于具體，聖賢學問與聖賢工夫爲一事，故本體總不隔離也。又工夫所至即是本體，從工手見本體，依本體起工夫，故本體從未離越也。致良知尤是順承良知天理而起云爲，而與大用，故無一刹那而可以離本體，而本體亦無一刻而不呈現于具體事象中。……所以良知即天理。心性理知一也。其感應處即爲物，物亦統于心也。……天理流行，便是鳶飛魚躍。鳥鳴花放，山峙川流，無非妙道。所以只見可樂，無有可怖。渾是仁體於穆，一團和氣。（註六）

在解說陽明由良知之感應以達萬物一體之理時，則說：

若在認識關係中，我與物作對。故天地萬物究有靈明否不得而知。然陽明之說一體是在行爲宇宙中說，不在認識宇宙中說。在此行爲宇宙中，首先肯定靈明是一。次則此唯一無二之靈明惟由吾之良知處親切指點。是以，我的靈明首先可以從形式上建立而爲一個涵蓋乾坤的靈明。然此種涵蓋只是由我這主體而推廣出去說，此只是一種主觀的形式原則。若想建立它的客觀實際性，陽明便從感應之幾上說。感應之焦點還是在我的良知之靈明。此名曰感應原則。由此感應之幾上，可說『離卻我的靈明，沒有天地鬼神萬物；離卻天地鬼神萬物，亦沒有我的靈明。』此實函說：人與天地萬物爲同體，而且人與天地萬物俱在此靈明同體之涵蓋中。此是一個本體論的涵蓋原則。此由感應之幾而建立一個客觀的本體論原則。由此本體論的涵蓋原則復函一天地萬物之存在原則：此即天地萬物之所以爲天地萬物必須在此靈明中而始然也，即必在此靈明之貫徹中而始得其呈現也。此存在原則亦名『實現原則』。此存在原則歸于感應上復成功一「認識原則』。」（註七）

由牟宗三上述之說明，我人實可看出體用合一是陽明指點學者順承良知天理而起云爲、而興大用的根據，在體待用顯、用皆有理體爲據的澈悟下，才有天理流行，鳶飛魚躍、鳥鳴花放的一團和氣。而在萬有彼是相因的互爲關涉之中，陽明亦才能從感應之幾，來建立一個本體論的涵蓋原則。此亦即是說，依和諧感通之特性，天地鬼神萬物與我的靈明可本於內在的相互關涉性，互爲因緣、相互感通，成一旁通統貫之和諧系統，而有爲物不貳、生物不測的創生功能。陽明據此而言良知靈明的感應之幾，與萬物一體的感懷。牟宗三闡述陽明由感應之幾而建立客觀本體論原則，並由論其意乃指天地萬物在此靈明中始然，亦在此靈明之貫徹中得其呈現，而說存在原則亦名實現原則，認識原則，概亦都是此同一理論的發揮。此正可徵知陽明哲學之特色，充分表現在圓融統觀上。此亦何以林夏要說：「研究陽明學說，可從『一』字下功夫。」（註八）。所謂之「一」，即是前引梁兆康所說之「總觀精神」，其不僅是統之有宗，會之有元，更是一種無偏無夬的透澈觀點，本書則稱之爲「圓融統觀」，以其能展現體用一源，通貫一本，和諧感通，旁通統貫之特色，化解思想上的對立矛盾。而此一觀點正是了解陽明哲學的關鍵所在。

由以上所述，我人更可綜合指出，陽明是透過他思想上圓融統觀的特點將一般思想論說中常見的對立概念，悉皆化除，而使其哲學達乎通貫一本的圓融境界。此可再撮其思想要義，分下列五點予以簡單印證：

(1) 存在與價值合一

一般人常認爲存在於外界之客觀事物只是一單純之物質，而價值則爲主觀心靈所構思者，然後再強加於外物。於是說，不但價值多爲主觀偏見，且存在與價值之間並無相應關係。然陽明自圓融統觀觀之，存在與價值卻在「至善者，心之本體」的感潤發用中，一體俱融，同時得以肯定。故陽明所謂「心外無物」、「心外無事」都是指存在與價值的圓融互待、相合爲一。

(2) **認識過程上的心理合一**

一般在論述認識活動時，常分認知主體與認知客體之對立，亦即或多或少指認識活動是由認知之「心」與外物之「理」相輻輳，而有心理爲外在且相對立之看法。陽明對此則依圓融統觀將身、心、意、知、物視爲「一件」。他在答陳九川之問時說：「無心則無身，無身則無心。但指其充塞處言，謂之身；指其主宰處言，謂之心；指心之發動處言，謂之意；指意之靈明處言，謂之知；指意之涉著處言，謂之物。只是一件。」這表示陽明認爲身、心、意、知、物，乃交養互發、相涵相攝。故如就身心之相待相涵，是爲「身心合一」；就意知之相待相涵，是爲「意知合一」；就知物之相待相涵，是爲「知物合一」。於是可以「知是意之體，物乃意之用。」一句話，使心之所發與意之所著，一以貫之，渾成一體。換言之，認識活動在上述三層相待相涵關係中，有能所合一，主客不分之圓融統會，故就此而可曰心外無理之心理合一，是亦所謂之心即理。

(3) **形上思想上的體用合一**

陽明的心學最足以代表其形上思想，然其心學可說全然在顯發圓融統觀之特色。如就心之體用與感通流行而論，陽明曾說：「心統性情，性者、心之體，情者，心之用也。」「心兼動靜，靜指其爲天地未發之中而言；寂然不動是也；動指其既發已發而言，感而遂通是也。」於是，即寂即感、即動即靜、體用互待相涵，即體現用、即用顯體，是之謂體用合一、體用一源。

⑷**人道與天道上的性天合一、心理合一**

陽明哲學思想體大思精，然其最精勝處，在於肯定「心即性，心外無性；性即天，性外無天」。蓋陽明本諸圓融統觀及秉承宋儒遺風，將心、性、理、天，以及人心道心、天理良知等，俱統打成一片，圓融無礙。所謂：「君子之學，惟求得其心。雖至位天地，育萬物，未有能出於吾心之外者」。正表示心與萬物同體，心之應機而發，乃萬物感應之機，亦即天地萬物同體一仁之所在，此「豈有內外彼是之分哉？理一而已！」故心外無事、心外無理，由人道而可挺立充實天道。換言之，只要我人致心之天理於事事物物，使事事物物都得其理，則心之良知即是天理，此亦所謂：「在物爲理，處物爲義，在性爲善。因其所處而異名，而皆吾之心地也。」於是，即人道即天道、即活動即存有，性天合一、心理合一而有天人合一、萬物一體可言。

⑸**修行實踐上的知行合一、明德親民合一**

宋儒在道德踐致上本有「知入」、「行入」的爭議，陽明憑藉圓融統觀提倡知行合一，澈底解決此一爭議。所謂：「知是行之始，行是知之成。」「行之明覺精察處，便是知；知之眞切篤實處，便是行」等都是其圓融統會之論。然陽明之所以能有知行合一之論，仍以「本體工夫」之即本體即工夫爲據，言本心之當體起用，才能致知格物，止於至善。而我人亦唯由藉至善心體，發揮良知，使知行打成一片，才有「知致」可言。故既然身、心、意、知、物爲渾然一體，則知與行、心與物、格物與致知、致良知與明明德皆可一以貫之，誠所謂「心物合一，格知無間，致良知即明明德」。這表示在至善良知的發用流行中，自然要表露出具體的行爲，是以即知即行、事與理合也。我人若眞能順良知之發用流行，有「明覺精察」、「眞切篤實」的知行關係，則更能體悟天地萬物亦俱在良知發用流行中，「何嘗有一物超於良知之外，能作得障礙？」故萬有蒼生在感通處言，俱爲一體；在價值上，普遍平等。而此所見，必待理想生命之發揮以成就之，知行合一的重要於是可知。再者，良知是至善心體亦是明德之本體，故道德實踐上之知行合一，亦即致良知與明明德的關係，明明德者既有上下與天地精神同流之感，自亦有民胞物與之愛。因此，我人由知行合一可體悟良知、確保良知，更可藉良知之發用，而達乎天地萬物一體之仁。故陽明在「大學問」上，才說親民愛物，皆爲良知之發用流行，亦爲明明德之實效，此即明德親民之合一。故所謂：「仁人之心，以天地萬物爲一體，訢合和暢，原無間隔」，眞足以表徵陽明圓融統會之哲學意境。

第二節　闡發陽明哲學眞精神以應時代之需

以今日而言，陽明乃古人。今日之研究陽明哲學，應由閱讀古人書，整理其思想之時，要能感受其生命活動的眞誠，更要使這種研究與當前時代有相呼應的關連，使古人在人格與思想上的努力對當前之人有所啓發。能夠如此研究本身自然具有時代價值。

就這一點而言，源遠流長的中國文化，其淵深博厚的哲學義理，發展到陽明哲學，實已達精一透闢之境。蓋陽明成就之直截簡易哲學，造就歷史上顯赫的學派，與影響深遠之學風。其說之卓越圓融，處處指點吾人從事眞切實際的道德實踐，由致知力行以立己立人、成己成物，不挽救了陽明當時支離散漫的學風，更對當前重功利輕仁義的社會有極大的鼓舞啓發。因此，本書之目的即在論究陽明哲學之根本精神，以說明其對當前社會之影響與貢獻。

本書在前述各章說明陽明思想之形成時，曾述明個人才情、家世背景、政治環境、現實出處橫逆，都是影響陽明的各種因素。然除此之外，陽明哲學之形成與這種哲學由發揮圓融統觀，而能開創剛健進取的力行精神，主要是當時學術風氣對他的刺激。例如依年譜所記，他二十一歲格竹不通的沈鬱，及二十七歲再依朱子讀書法鑽研，仍未解決外在間接之知識之不能成就德性的困擾，遂覺物理吾心判然爲二。就表示當時學術風氣與他個人所追求者之間，有相激相盪之不同處。此一問題長期困擾著他，甚至到達委之「聖賢有分」的地步，此至三十四歲首倡「人先立必爲聖人之志」時，已見其奮力解決此一問題的端倪，於是有不滿學者溺於辭章記誦，不復知有身心之學的反思，亦有不能以有限精神，爲無用之虛文的嘆息。然這一切直至龍場之悟才因緣俱會豁然開朗，而知「聖人之道，吾性自足」。其後，陽明終其一生之論學，無不是針對此一體悟與其當時學風士氣之弊而發，希望能以良知之說復聖學挽先王之道，以改善時代風氣。此如他所說之：

三代之衰，王道熄而霸道猖；孔子既沒，聖學晦而邪說橫。教者不復以此爲教，而學者不復以此爲學。……世之儒者，慨然悲傷，蒐獵聖王之典章法制，而掇拾修補於煨燼之餘。蓋其爲心，良亦欲以挽回先生之道。……萬徑千蹊，莫知所適。世之學者，如入百戲之場，讙謔跳踉，騁奇鬥巧。……其稱名借號，未嘗不曰吾欲以共成天下之務。而其誠心實意之所在，以爲不如是，則無以濟其私而滿其欲也。嗚呼！以若是之積染，以若是之心志，而又說之以若是之學術，宜其聞聖人之教，而視之以爲疣枘鑿。則其以良知爲未足，而謂聖人之學爲無所用，亦其勢有所必至矣。嗚呼！士生斯世，而尚何以求聖人之學乎？尚何以論聖人之學乎？士生斯世，而欲以爲學者，不亦勞苦而繁難乎？不亦拘滯而險艱乎？嗚呼！可悲也已！（註九）

僕之不肖，何敢以夫子之道爲己任。顧其心亦已稍知疾痛之在身，是以徬徨四顧，將求其有助於我者相與講去其病耳。今誠得豪傑同志之士，扶持匡翼，共明良知之學於天下，使天下之人，皆知自致其良知，以相安相養。去其自私自利之弊，一洗讒妬勝念之習，以濟於大同。（註一〇）

由上可知，當陽明之時，思想學風固已不振，而講求學問的人，更僅知稱名借號，以濟其私，故「相矜以知，相軋以勢，相爭以利，相高以技能，相取以聲譽。」（註一一）結果是「記誦之廣，適以長其傲，知識之多，適以行其惡，聞見之博，適以肆其辯也，辭章之富，適以飾其僞也。」（註一二）。陽明目睹此一現象，實感學風不正將引生各種危機，故不僅嘆生命不應虛擲於無用虛文，更本於龍場之悟，合本心與天理爲一，勉人追求眞誠之生命學問與從事具體之道德實踐，以成己成物、內外打成一片。故本諸圓融統觀曰：「文也者，禮之見於外者也。禮也者，文之存於中者也。文顯而可見之禮也，禮微而難見之文也，是所謂體用一源而顯微無間者也，是故君子之學也，於酬酢變化語默動靜之間，而求盡其條理節目焉，非他也，求盡吾心之天理焉耳矣。」（註一三）。這樣一來，陽明非但超越出格竹窮理的理論糾纏，更能以良知天理的結合，鼓舞學人秉一片赤誠，由自身之德性生命做起，進而轉移社會不良風氣，健全社會文化。故牟宗三亦贊陽明哲學之價値爲：「這鞭辟入裡，四無傍依，直承心性而開出之進一步的境界即是儒家學術之起落點，發展至宋明儒者而彰著，而由宋儒程朱發展至王陽明之致良知教，則尤透徹焉。」（註一四）。

而陽明哲學不僅有益於明葉之世風，對當今吾人所處之時代，更有重大的啓迪與發作用。蓋在當前國家特殊處境之時，人格本就極易扭曲，加以力求經濟發展，結果在進入工業化社會的過程中，社會結構發生重大變遷，國人價値觀念與行爲模式，已漸與傳統文化和道德規範脫節，使禮防崩潰，犯罪情形增加，有所謂文化失調的危機。換言之，在過分強調經濟成長之下，人文精神文明的建設被忽視，社會乃籠罩著一股功利思想和虛無主義的迷霧，盲目於追求金錢、功名和所謂的社會地位。有人曾以「這是一個『貪』的時代」來描述當前的社會，它使人心慌、心散、心變。許多人以各種方式，用各種藉口，靠各種關係來追求名、利、權。由於不擇手段，結果使社會沒有是非，由於過分熱中，以致風氣敗壞，虛浮不實，由於人心強求，造成人心險惡。凡此種種不僅凸顯了人性的弱點，亦反映出在急劇變遷中吾人社會的嚴重病態（註一五）。然此貪名、貪財、貪權三者皆是道德問題（註一六）。所謂「道德問題」是指道德是改善社會病態的根本之道，若求速效，嚴刑峻法也許效果更快，但刑罰到底只能治標，治本還該由正人心入手，這才是陽明學眞價值所在。可惜，偏偏當前我人並不能在身心修養上實下功夫，以生命的學問肯定吾人生命方向，進而影響轉變時代風氣，反而徒慕虛學，把學問當成求名求利之技藝，以致社會病態與所謂道德問題皆尙未解決。

個人認爲當前社會最根本的危機，實是道德危機。究其根源在於人爲私念物欲所障。社會並非法律制度以約束人之行爲，然當人人皆以「只要我喜歡，有什麼不可以」爲行爲依據時，法律制度即毫無功效矣。其治本之道，惟在陽明所言先立必爲聖人之志，通曉做人的道理，實致良知本心，以力行實踐、反樸歸眞方可。學者於此，實要深切體會陽明所說之：

聖人述六經只是要正人心，只是要存天理去人欲。（註一七）

子以明道者，使其反樸還淳，而見諸行事之實乎？抑將美其言辭而徒以譊譊於世也？天下之大天下之大亂由虛文勝而實行衰也。（註一八）天下所以不治，只因文盛實衰，人出己見新奇相高以眩俗取譽，徒以亂天下之聰明塗天下之耳目。（註一九）

牟宗三亦曾很感嘆的說，近人求學，受教育，是想成科學家、哲學家、藝術家，想成專家取得學位，這只是知識技能之事。但是現代人很少有能知陽明所說第一等人、第一等事。讀書學聖賢、做第一等人，這種觀念幾乎完全非近代人的意識所能把握（註二〇）。因此，如果我們面對當前社會危機仍不願束手無策，那麼我人今日求學做事，更要善體陽明第一等人、第一等事的志氣，以良知爲本，存誠務實，不可再有「眩俗取譽」的虛文之行。

綜觀陽明生於明代中葉，正值昏君闇主，宦官專權，政治腐敗，且學術敗壞虛假、社會頹唐之風日甚。然在此惡劣環境下，他不畏權勢，擯斥名利，獨倡知是知非、顯彰人格的良知哲學，在綱紀不振、世亂道喪之時代，以生命的學問挺然有所立，不僅挽救了當時支離散漫的學風，甚至因憑藉圓融統觀使其哲學精神所涵蓋的基本特質，如：民胞物與的仁心、社會苦難的憂患、文化嬗延的關懷，對道德天理的敬畏，以及對歷史文化價值自覺承當的使命感與責任感，都對今日之社會有重大的影響。故闡明陽明哲學精神以應時代需要，實有其時代價值。

第三節　對陽明哲學及其影響之評估

陽明哲學固爲新儒學之一高峰，對後世之影響亦甚鉅，然後人對陽明哲學之評價卻有甚大的差異。持正面肯定者，如黎東方就說：「陽明先生的事功，比起諸葛亮與曾國藩來，均無遜色。他的德行與學問，可說是上追孔孟，與朱熹相比肩。」（註二一）。戴瑞坤亦說：「他的『人人同具良知』、『滿街都是聖人』、『聖人何能拘死格』，和不能以孔子的是非爲是非等等，都包含著某些新的意義。他創立的心學，確實有突破傳統，促進思想開放的積極作用。」（註二二）。日人井上哲次郎於其所主持之陽明學月刊發刊辭中亦云：「陽明一生工夫，不外『致良知』三字。至精至神，至明至妙，盡心盡性，盡道之極致，而無復餘蘊。」（註二三）。再如清末歐陽竟無在甲午戰後，慨謂雜學無濟，專治陸王，期以補救時弊，當時對陽明之學，見之至深、執之至堅。而民初新文化運動有人鄙薄傳統文化時，梁漱溟亦曾依陸王學派立場，發揮孔子的仁和陽明良知說，為儒家思想辯護。其後，蔣中正先生亦會通孫中山先生「知難行易」與陽明「知行合一」，倡導力行哲學。此等皆為對陽明哲學之肯定，亦可見陽明哲學對後世深遠的影響。

然從另一角度來看，明代中葉之後，王學盛行，成為顯赫學派之一。但在王門泰州派出現所謂之「狂禪」及明代亡於異族之後，世人對陽明哲學的批評也所在多有。即以明代為例，當時之汪俊就曾說：「道一本而萬殊，夫子之一貫是矣。以學言之，則必有事於萬殊而後一者可幾也。曾子之隨事力行，子貢之多學而識，皆親受業於夫子之門者也。顏子之博文約禮，而後各有所立，易之知崇禮卑，而後成性存之，皆一說也。程子論學曰：『涵養須用敬，進學則在致知』，朱子伸明之曰：『主敬以立其本，窮理以致其知，本立而知益明，知進而本益固。』可謂盡矣。陸氏之學，蓋略有見於道體，雖欲單刀直入，以經造夫所謂一者，又自以為至簡至易，立躋聖域，故世之好異者靡然趨之，而不知其相率而陷於異端之說也。張子曰儒者窮理，故率性可以謂之道，釋氏不知窮理，而自謂之性，故其說不可推而行，程子有言曰：格物而充之，然後可以至聖人，不知物格而先欲意誠心正者，未有能中於理者，據此可以斷陸氏之學。』（註二四）。又如何塘所說之：『儒者之學，當務之爲急，細而言語威儀，大而禮樂刑政，此物之當格而不可復者也，學問思辨一旦卓有定見，則物格而知至矣。由是而發之以誠，立之以正，然而身不修家不齊未之有也。至究其本原爲性命，形於著述爲文章，固非二道，特其緩急先後各有次第，不可紊耳。今日理出於心，心存則萬理備，吾道一貫，聖人之極致也，奚是外求，吾恐其修齊治平之道反有所略，則所學非所用，所用非所學，于古人之道不免差矣。』（註二五），都是不滿於陽明哲學的代表性評論。顧亭林於明末更直斥陽明學派爲：「今之君子，聚賓客門人數十百人，與之言心言性；舍『多學而識』，以求『一貫』之方，置四海困窮不言，而講『危微精一』，我非敢知也。」「以一人而易天下，其流風至於百有餘年之久者，古有之矣，王夷甫之清譚，王介甫之新說；其在於今，則王伯安之良知是也。」（註二六）。其後梁任公，胡適公亦常引用此段文字批評陽明學，大致都是認爲陽明哲學單提良知二字，言心言性，當下指點，然終不如即物明理、多學而識之有實效。故或而指陽明學無補於明代之危亡，或指陽明學無法開出現實科學研究之績效，反而滋生末流之妄誕。綜其等所言，論陽明哲學玩弄光景尙屬平和，評之「陷於異端」「我非敢知」，則反感之情實見其切矣。

對陽明哲學何以會有上述這種負面的評論，我人應有所說明：

首先，就陽明哲學所具備之圓融統觀特色來看，陽明本人是力求心物合一、事理圓融的。故陽明在建立其哲學體系的過程中，不僅曾親身嘗試格竹，也以事上磨鍊、良知不離見聞爲致良知正道，而有學問從「百死千難中得來」的感歎。面對自然物界，更有萬物一體、聲氣相通、良知既明、科學始創、天理既復、宇宙始成的慧見。此種慧見所成之哲學思想與經驗科學之研究並不相背，甚至可說是經驗科學能否成功的必要條件。前已言之，這與當代科學哲學家波蘭尼（Michael Polanyi）所說：「所有的研究都開始於『求知的熱望』。因此，所有的知識在各層面上都『染有』個人的參與關係。」（註二七）是相通的。蓋科學之研究，不能只受已成經驗之限制，在根本上是觀念上的探索，此一理想精神絕不能只由經驗主義爲之說明，必須對宇宙萬物有一體會與關心，對知識的追求有一「熱望」。而科學的應用，更須有爲之作主者，這些最後應歸諸人之良知仁心。否則科學將爲人類生物本能或權力意志所主宰，若非導人墮入無止境的懷疑與虛無之中，則將激發物欲爲禍人間。此處即可看出陽明良知說之不與科學研究相背反。

然陽明所說到底是以德性之知爲主，格物致知是用於道德行爲上之爲善去惡，窮理係在乎明德，故格竹之事只讓他深感於吾心與物理判然爲二，而未能成就純概念思辯之學與純物質量化性的經驗研究。因此，陽明學對經驗科學之助益，必須先有牟宗三所謂之「良知自我之坎陷」。亦即人在求知之時，良知須先坎陷自己以從外物，化成求知之眞誠客觀與「熱望」，直到知識成立後，良知再從坎陷中湧現出來，會物歸己，使物性之知能爲德性潤澤，事物各皆其正，展現良知融知識的眞義（註二八）。陽明對良知這種轉折曾說：「不務於誠意，而徒以格物者謂之支。不事於格物而徒以誠意者，謂之虛。不本於致知，而徒以格物誠意者，謂之妄。支與虛與妄，其於至善也遠矣。」（註二九）。可見，陽明哲學之圓融統會，是要使德性之知與科學之知相調適。可是在中國以往以德性之知為重的學風之下，德性之知有高明的發展，持良知說者往往為存天理去人欲的內聖之說所吸引，不自覺的將經驗科學研究看得過於輕忽。殊不知科學之理智分析，是依於人心之虛靈明覺而不斷超越其所執的觀念知識，使人不陷溺於物欲，而仁心之流行才能直發無阻。此其有助於道德修養而為中國昔賢所罕加以深察者（註三〇）。以至經驗科學或自然物界之知得不到相應之成就，連帶的也使中國儒家所追求的外王事業也難全竟其功。

何況，陽明生當明季，明朝乃中國君權最專制之時，胡惟庸案後，不唯相權被廢，連唐宋以來之三省制度亦不不復存焉。權閹氣燄之盛，正直知識份子或官吏之被排斥，皆為歷史少見，這使大多數明代知識份子存有與現實政治保持距離之心，也使他們有脫離現實世界以論學的傾向。尤其陽明於完成理論時，已處於社會政治衰亂之時；及其說大行之際，更值大亂之來臨。由此，陽明學乃陷入一極不利又易受責難的歷史環境中。後人或可責王門後學言心論性無補時局，然對持良知說者在當時專制政局壓力下，根本無力改變外在現實政治環境的悲苦，實應給予體認與同情。陽明自己亦曾說：「人在仕途比之退處山林時，其工夫之難十倍。」（註三一）。此外，在他與宦官勢力的對抗中，陽明身心的挫折感也是極深沈的，例如在「乞便道歸道疏」等奏疏中，就有：

竊念臣自兩年以來，四上歸省之奏，皆以親老多病，懇乞暫歸省親，實皆出於人子迫切之情，而時復以權奸當事，讒嫉交興，非獨臣之愚悃，無由自明，且慮變起不測，身罹曖昧之禍，冀

得因事退歸，父子苟全首領於牖下，故其時雖以暫歸爲請，而實有終身丘壑之念矣。（註三二）

自正德十四年，江西事平之後，身罹讒構危疑洶洶不保朝夕……如臣之迂疏多病，徒持文墨議論，未必能濟實用者，誠宜哀其不逮，容令養疾田野。（註三三）

……故臣之不敢受爵，非敢以辭榮也，避禍焉爾已。伏願陛下鑒臣之辭出於誠懇，收還成命，容臣以今職終養老親，苟全餘喘於林下。（註三四）

這些奏疏中所言者，都可說是陽明出處橫逆之後的血淚之言，所謂「百死千難」於其中感受特深。其間痛楚與無奈，諒非局外人所能眞知。然陽明亦非消沈之輩，他不僅感嘆時局說：「今天下波頹風靡，爲日已久，何異於病革臨絕之時。」（註三五），更寄望能努力使政局起死回生。他在臨逝前一年還在給學生黃綰的信中說：「今天下事變，如沈痾積痿，所望以起死回生者，實有在於諸君子。」（註三六）。此外，陽明還曾不計後果坦率直接對無道專制君王進諫道：

陛下在位一十四年，屢經變難，民心騷動，尚爾巡遊不已，致宗室謀動干戈，冀竊大寶。……伏望皇上痛自刻責，易轍改弦，罷出奸諛，以回天下豪傑之心；絕迹巡遊，以杜天下奸雄之望。（註三七）

民者邦之本，邦本一搖，雖有粟，吾得而食諸。伏望皇上軫念地方塗炭之餘，小民困苦已極，思邦本之當固，慮禍變之可憂。（註三八）

這些都是陽明本諸良知，無我無懼，在現實政治環境中捨身奮鬥的具體證據，亦是持良知說者，在言心論性求小我一己之心安之外，起而奮一己之力，企圖扭轉與緩和專制毒害上的努力。徐復觀就曾說，研究中國思想史的人，「應就具體的材料，透入儒家思想的內部，以把握其本來面目；更進而了解它的本來面目的目的精神，在具體實現時所受的現實條件的限制及影響；尤其是在專制政治之下，所受到的影響歪曲，及其在此種影響歪曲下所作的向上的掙扎，與向下的墮落的情形，這才能合於歷史的眞實。」（註三九）。由此看來，陽明哲學雖然不足以立見效果挽類似明代頹弊之局，然是否能因此而全然抹殺其整體學說價值，則是應愼重予以評估的。而我人對陽明在如是惡劣環境中，尙能以良知說來立德、立功、立言，自宜持平給予應得之敬意與評價。

再者，陽明良知之說從百死千難中提鍊而成，在指點人時，有「簡易直截」之要求。這是因爲良知是直就人之生命眞幾，說明人只要盡去外在物欲與不當習氣，雖不識一字，亦可作天下第一等人，這使陽明自己都承認是個「狂者」。有一次，陽明弟子薛尙謙、鄒謙之、馬子莘、王汝止等人論及陽明自征寧藩以來，受誹謗的情形與原因，陽明則說：

> 諸君之言，信皆有之，但吾一段自知處，諸君俱未道及耳。……我在南都以前，尚有些子鄉愿的意思在。我今信得這良知眞是眞非，信手行去，更不著些覆藏，我今才做個狂者的胸次，使天下人都說我行不掩言也。（註四〇）

這種狂者只求一念覺醒，則任何外在固定形式之風俗規範、經典權威皆不足爲憑，亦不足爲障。牟宗三就說：「陽明于拔本塞源論中，痛斥詞章訓詁名利之時代惡習，而思以精誠惻怛之仁心之覺醒以移之。此其講學之時代意義也。」（註四一）。此誠所謂「人人自有定盤針，萬化根源總在心」，不必「拋卻自家無盡藏，沿門持鉢效貧兒」。陽明類似的詩句甚多，如：「萬理由來吾具足，六經原只是階梯；山巾儘有閒風月，何日扁舟更越溪」（註四二）「處處良知此月明，不知何處亦群英，須憐絕學經千載，莫負男兒過一生。影響尚疑朱仲晦，支離羞作鄭康成，鏗然舍瑟春風裡，點也雖狂得我情。」（註四三）「良知即是獨知時，此知之外更無知，誰人不有良知在，知得良知卻是誰。」（註四四）。由是可知，陽明之指點，其特色在一念透澈、當下即是、圓滿具足、自然超脫。這種衝破一切的超脫自在，自非有眞性情不可。黃梨洲評王門後學泰州派時即說：「泰州之後，其人多能以赤手搏龍蛇。」即爲此種精神的典型代表。

然超拔物欲之外，衝破一切糾葛的一念透澈，一般人體會原已不易。而更困難者，在一念超拔之後，復要知如何落實良知，如何在現實世界開出客觀文化意識，以見諸事業。陽明本人深具圓融統會思想特色，能融理想於現實，故而有具體事功，可是陽明後學多無陽明從「百死千難」中成就學問的心路歷程。加以「中國自秦漢以後，政治型態社會型態已成定局，歷史只成一治一亂之循環重複，相應時代而來之客觀理想客觀精神本不易出現。」（註四五），因此王門後學在現實政治制度下，多痛感無從著力，承擔人文化成之責任心大爲磨損。而所謂轉移心力於從事自然科學之研究，也因缺乏興趣與環境，無法深入。這樣一來，陽明學所啓發的心念超脫，很容易淪爲四無依傍的失落感。牟宗三即說：「直截簡易之透悟，盡成播弄精魂，陷于鬼窟，一旦撒手，便若痴呆。」（註四六）。此亦何以日人高瀨武次郎於所著「日本之陽明學」一書中要說：「大凡陽明學含有二元素，一曰事業的，一曰枯禪的。得枯禪的元素者，可以亡國，得事業元素者，可以興國。中日兩國各得其一，可以爲實例之證明。……日本之陽明學，反乎支那之墮落的陽明學派，而帶有一種凜然之生氣，能使懦夫立，頑夫廉。」（註四七），亦何以王門後學會出現龍溪心齋等被指爲「蕩軼禮法」的妄誕言行。

時至於今，陽明學在歷史上所遭受的限制因素已自動消失，不僅政治制度已民主化，自然科學研究與工商經貿活動的受重視，幾一改數千年來我國之學風與士風，我人實可於德性良知的體悟，開出客觀的文化意識，以實現致知明德、開物成務的理想。因此，就當前而言，陽明哲學的眞價值至少有下述兩點：

(1)陽明良知之學，挺立人格自尊自信，鼓勵學人從事道德實踐，提昇了人性價值。

首先，我們要指出，陽明之學絕非玩弄光景，其以良知說爲主的各種論說，亦非僅爲了營造高明恍忽的境界。陽明講學的最大用意，在給人一種道德的信心與勇氣，從指點人人皆有的良知入手，使人人都內有所本，在「個個心中有仲尼」的信念下，教人心存遠大，勿爲世俗功利情欲所拘，此才眞有人格自尊自信可言，故章太炎亦曾說：「王學豈有他長，亦在自尊無畏而已」。然後，人人才能隨其境遇機緣各自去尋求成就作聖之道。因此，不僅陽明本人對其學說有「考三王、建天地、質鬼神、俟後聖，無弗同者」的肯認，黃梨洲亦稱：「自姚江指點出良知人人現在，一反觀而自得，便人人有個作聖之路。故無姚江，則古來之學脈絕矣！」（註四八）。可見，良知說明陽明學的關鍵，更是我人道德實踐的源頭。此外的一切「義外」之說，都不足以動搖否定陽明良知說的這種眞價值。相反的，一切「義外」之說，與陽明良知說一對照，正顯出後者論理之可貴。而我人由陽明哲學之啓發，始更能自尊自信，內能閑邪存誠，外能篤實踐履，致良知之道德生命存焉。於是益知我人之生命至大無外、至尊至貴，到處充滿生命理想價值。無論云本心即天理之天人合一，萬物一體；或云力行致知之知行合一，通體亦都只是人類道德價值之自然流露，生命歷程才眞是圓融自在，有無窮盡的光輝與樂趣。本書研究之目的，亦在希望對此種思想有所體證與發揚。

(2)陽明哲學在肯定良知之後，更因實踐力行、不尚空談，而有積極進取、心事合一的圓融統會特色

一般評駁陽明者，每以陽明之學為「心學」，指其只偏重個人內在心性，有空疏不實用之弊。其實這種批評並不合乎實情。蓋陽明哲學，原本就是對宋學末流之空虛而發，教人勿事靜坐，「須在事上磨鍊」、「人在社稷，莫非實學」，都可見其學之眞精神。此外，由陽明的拔本塞源論與「大學問」也可看出，他是要「推其天地萬物一體之仁以教天下」，而非只限於個人內在一己之空談心性而已。他本人的文武兼修固不待言，王門後學如羅洪先、唐順之的承其學風，為學主於實用，且於學無不究，都足以顯示陽明學非異端。

所以，陽明學之基本用意，在使人有所自知自信後，而能自尋事上磨鍊的工夫，絕非為了玄學趣味而閒講空論。如陽明有云：「良知自知原是容易的，只是不能致那良知，便是知之匪艱，行為惟艱。」（

註四九），這表示陽明對「致」良知之重視。又如：「鄙夫自知的是非，便是他本來天則。雖聖人聰明，如何可以增減得一毫，他只不能自信。夫子與之一剖決，便與竭盡無餘了。」（註五〇）這是說道德踐致上的是非之知是每人都有的，講學論道只是將之剖決出來，使人自信而已。至於如何推致到各人的事爲上，就要各自努力，才能「竭盡無餘」。於是，陽明才把崇高的生命理想，透過實在的工夫實踐，表現在各自的事爲上，而多隨時隨事指點致良知之語。此如：

> 先生曰：灑掃應對就是一件物，童子良知只到此，便教去灑掃應對就是致他這一點良知了。又如童子知畏先生長者，此亦是他良知處，故雖嬉戲中見了先生長者便去作揖恭敬，是他能格物以致敬師長之良知了。童子自有童子的格物致知。又曰：我這裏言格物自童子以至聖人皆是此等工夫……雖賣柴人亦是做得，雖公卿大夫以至天子皆是如此做。（註五一）
>
> 吾儒養心，未嘗離卻事物，只順其天則自然，就是功夫。（註五二）
>
> 我這裡功夫不由人急心。認得良知頭腦是當，去樸實用功，自會透徹。到此便是內外兩忘，又何心事不合一。（註五三）

這些話都表示陽明本體工夫之具圓融統觀思想特色，指出我人在認得良知頭腦後，舉手投足、灑掃應對，無非都是個人隨境遇所在之順其天則自然。這種未嘗離卻事物的本體工夫，「自童子以至聖人皆是此等工夫」，只要「去樸實用功，自會透徹」，又那有內外心事之分哉？茲再以一般士人最不喜言之官場應對爲例，陽明亦說：

古之大臣，更不稱他知謀才略，只是一個斷斷無他技，休休如有容而已。諸君知諸才略，自是超然出於眾人之上，所未能自信者，只是未能致得自己良知，未全得斷斷休休段耳。須是克去己私，眞能以天地萬物爲一體，實康濟得天下，挽回三代之治，方是不負如此聖明之君，方能不枉此出世一遭也。（註五四）

蓋官場是權力競逐之地，也多是私心作祟之處，然在官場中仍可變功利爲道義，關鍵只在致良知、克去己私，才能包容萬有、康濟天下，以天地萬物爲一體。這樣一來，現實人生又何時何處不是考驗自己、成就自己的道場，陽明又何曾對「修齊治平之道反有所略」？相反的，陽明實以致良知來合內外之道，使窮理明德、格物致知融爲一體，而極其重視實踐。故多處力言：

……數年切磋只得立志辯義利，若於此未有得力處，卻是平日所講盡成虛語，平日所見皆非實得，不可以不猛省也。（註五五）

……不教他在良知上實用爲善去惡功夫，只去懸空想個本體，一切事爲俱不著實，不過養成一個虛寂，此個病痛不是小小，不可不早說破。（註五六）

總之，陽明學說並非口頭立空言，而是由致本心良知於事事物物之踐履，發萬物同體之仁，積極落實爲親民濟世之事功。其思想之歸結，在策勉學人去人欲、存天理，致一己之良知於日常云爲之中，亦不過一份希望學人共同發揮良知天性，提高人的價值，以別於禽獸，以攝理萬物，求成己成物之苦心而已。其心事合一、知行相攝之圓融統觀思想特色正是梨洲所謂之：「良知爲知，見知不囿於聞見。

致良知為行，見不行滯於方隅。即知即行，即心即物，即動即靜，即體即用，即天夫即本體，即上即下，無之不一。」（註五七）

由以上所謂，正可見陽明哲學無處不在表現圓融統觀之特色，而能成就各種具體效驗。然以一研究體證者而言，我人實不能只將之視為純理論之研究，我人必須擇善固執，篤實信守，力行不輟，勇猛精進，使研究心得與自己的生命相關連、相呼應，才眞算是研究了仁人聖賢的思想，這種研究才眞有其意義。

【附註】

註　一　牟宗三，生命的學問，前揭書，頁一三七。

註　二　黃宗羲，「姚江學案」，明儒學案，初版（台北：河洛圖書出版社，民國六十三年），上冊，卷十，頁五五。

註　三　同上註，頁四七。

註　四　林繼平，明學探微，初版（台北：台灣商務印書館，民國七十三年），頁八三至八四。

註　五　唐君毅，中國哲學原論原教篇，前揭書，頁三二九。

註　六　牟宗三，王陽明致良知教，前揭書，頁七八。

註　七　同上註，頁八二至八三。

註　八　林夏，中國思想史，初版（台北：三民書局，民國六十一年），頁二二三。
註　九　王陽明，傳習錄，陽明全書，前揭書，卷二，頁一三至一四。
註一〇　同上註，卷二，頁三一至三二。
註一一　同上註，卷二，頁一三下。
註一二　同上註。
註一三　王陽明，「博約說」，王陽明全書，前揭書，卷七，頁二九上。
註一四　同註六，引言，頁六。
註一五　參閱高希均，「這是一個『貪』的時代」，遠見雜誌，民國七十八年五月十五日，頁一四。
註一六　參閱趙雅博，「當前倫理危機之探索」，哲學與文化，第十一卷，第一期，頁一七。
註一七　同註九，卷一，頁七下。
註一八　同上註，卷一，頁六下。
註一九　同上註，卷一，頁七上。
註二〇　牟宗三，生命的學問，前揭書，頁一五八。
註二一　黎東方，細說明朝，六版（台北：文星書店，民國五十七年），頁三〇三。
註二二　戴瑞坤，陽明學漢學研究論集，初版（台北：台灣學生書局，民國七十七年），頁一七二。
註二三　引自上註，頁八二。

註二四　引自劉濟群，陽明學說的研究，初版（台北：反攻出版社，民國四十八年），頁八五至八六。
註二五　同上註，頁八六。
註二六　引自張君勱，比較中日陽明學，再版（台北：中華文化出版事業委員會，民國四十四年），頁五。
註二七　此意亦可參閱本書第五章第三節。
註二八　同註六，頁二七至三四。
註二九　王陽明，「大學古本序」，陽明全書，前揭書，卷七，頁一二下。
註三〇　唐君毅，中國人文精神之發展，再版（台北：台灣學生書局，民國六十三年），頁一〇六至一〇七。
註三一　王陽明，「與黃宗賢」，陽明全書，前揭書，卷六，頁一三下。
註三二　王陽明，「乞便道歸省疏」，陽明全書，前揭書，卷十三，頁一九上。
註三三　王陽明，「辭免重任乞恩養病疏」，陽明全書，前揭書，卷十四，頁一至二。
註三四　王陽明，「辭封爵普恩賞以彰國典疏」，陽明全書，前揭書，卷十三，頁二一下。
註三五　王陽明，「答儲柴墟」，陽明全書，前揭書，卷二十，頁一一下。
註三六　王陽明，「與黃宗賢」，陽明全書，前揭書，卷六，頁一四下。
註三七　王陽明，「奏聞宸濠僞造檄榜疏」，陽明全書，前揭書，卷十二，頁四下。
註三八　王陽明，「乞寬免稅糧急救民困以弭災變疏」，陽明全書，前揭書，卷十三，頁三上。
註三九　徐復觀，中國思想史論集，前揭書，頁九。

註四〇　同註九，卷三，頁二〇下。
註四一　牟宗三，「校後記」，見張君勱著之比較中日陽明學，前揭書，頁六。
註四二　王陽明，「林汝桓以二詩寄次韻爲別」，陽明全書，前揭書，卷二十，頁三五上。
註四三　王陽明，「月夜二首」，陽明全書，前揭書，卷二十，頁三五上。
註四四　王陽明，「答人問良知二首」，陽明全書，前揭書，卷二十，頁三七上。
註四五　同註四一，頁八。
註四六　同上註，頁九〇。
註四七　同註二六，頁八八至八九。
註四八　同註二，頁五三。
註四九　同註九，卷三，頁二四上。
註五〇　同上註，卷三，頁一八上。
註五一　同註四九。
註五二　同上註，卷三，頁一三下。
註五三　同上註，卷三，頁一二下。
註五四　陽明年譜，陽明全書，前揭書，卷三十四，頁一五至一六。
註五五　王陽明，「與薛尙謙」，陽明全書，前揭書，卷四，頁一八上。

註五六　同註九，卷三，頁二三上。

註五七　黃宗羲，「師說」，明儒學案，前揭書，頁五。

主要參考書目

一、相關專著之類：

王守仁：王文成公主書。四部叢刊影明隆慶刊本。
王守仁：陽明全書。中華書局，七十四年，台四版，台北。
王守仁：王陽明選集。中國子學名著集成編印基金會，台北。
王邦雄：中國哲學論集。台灣學生書局，七十二年，初版，台北。
方東美：生生之德。黎明文化事業公司，六十八年，初版，台北。
方東美：華嚴宗哲學。黎明文化事業公司，七十年，初版，台北。
牟宗三：王陽明致良知教。中央文物供應社，四十三年，初版，台北。
牟宗三：心體與性體。正中書局，六十二年，台二版，台北。
牟宗三：生命的學問。三民書局，五十年，初版，台北。
吳康：宋明理學。華國出版社，四十四年，初版，台北。

朱秉義：王陽明入聖的工夫。幼獅文化公司，六十六，初版，台北。
林夏：中國思想史。三民書局，六十一年，初版，台北。
林繼平：明學探微。商務印書館，七十三年，初版，台北。
宗樹敏：王陽明傳習錄之研究。永明文具印刷廠，七十五年，初版。台北。
胡泉編：王陽明先生經說第子記。廣文書局，六十四年，初版，台北。
范壽康：朱子及其哲學。開明書局，五十三年，初版，台北。
唐君毅：中國哲學原論導論篇。新亞研究所，六十三年，修訂再版，香港。
唐君毅：中國哲學原論原性篇。新亞研究所，六十三年，修訂再版，香港。
唐君毅：中國哲學原論原教篇。新亞研究所，六十四年，初版，香港。
梁啓超：王陽明知行合一之教。中華書局，四十七年，台一版，台北。
秦家懿：王陽明。東大圖書公司，七十六年，初版，台北。
陳來：有無之境——王陽明哲學的精神。人民出版社，一九九一年，初版，北京。
陳榮捷：王陽明傳習錄詳註集評。台灣學生書局，七十七年，修訂再版，台北。
陳榮捷：王陽明與禪。無隱精舍，六十二年，初版，台北。
張鐵君：王學解蔽。新中國出版社，四十五年，初版，台北。
張廷玉：王守仁傳（明史卷一九五）。鼎文書局，六十年，台六版，台北。

張濟時：陽明講學的精神和風度。國父遺教出版社，四十四年，初版，台北。
黃宗羲：明儒學案。河洛圖書出版社，六十三年，初版，台北。
黃敦涵：陽明學說體系，泰山出版社，五十一年，再版，台北。
葉鈞點註：傳習錄。商務印書館，七十六年，台十版，台北。
賈豐臻：中國理學史。商務印書館，五十三年，台一版，台北。
熊十力：新唯識論。河洛圖書出版社，六十三年，台景印一版，台北。
熊十力：原儒。平平出版社，六十四年，初版，台北。
熊十力：讀經示要。樂天出版社，六十二年，初版，台北。
蔡仁厚：王陽明哲學。三民書局，六十三年，再版，台北。
墨憨齋（馮夢龍）：王陽明先生出身靖亂錄。廣文書局，六十四年，初版，台北。
鄭繼孟：王陽明傳。綜合出版社，六十七年，三版，台灣。
黎東方：細說明朝。文星書店，五十七年，六版，台北。
鄧元忠：王陽明聖學探討。正中書局，六十四年，台初版，台北。
劉濟群：陽明學說的研究。反攻出版社，四十八年，初版，台北。
錢穆：陽明學述要。正中書局，五十六年，台四版，台北。
鍾彩鈞：王陽明思想之進展。文史哲出版社，七十二年，初版，台北。

謝先量：陽明學派。廣文書局，六十九年，初版，台北。
戴瑞坤：陽明學漢學研究論集。台灣學生書局，七十七年，初版，台北。

二、期刊論文類：

牟宗三：「宋明儒學概述」。中國文化論文集，第四集，幼獅文化公司，七十一年，台北。
牟宗三：「陽明學是孟子學」。鵝湖月刊，一卷一期、二期，台北。
牟宗三：「王學的分化與發展」上篇。中文大學新亞學術年刊，第十四期，六十一年，香港。
朱秉義：「王陽明的融貫孔孟」。三民主義學報，第三期，六十八年，台北。
林繼平：「陽明龍場悟境探微」。新時代，十四卷二期，六十三年，台北。
林日盛：「從大學看陽明心學的發展」。鵝湖月刊，七十一年，台北。
梁兆康：「陽明學說體系新探」。復興崗學報，第十六期，六十六年，台北。
張永儁：「陽明先生的知行合一說」。革命哲學，國防部總政治作戰部，七十四年，台北。
張其昀：「圖融統一的陽明學」。陽明學論文集，中華學術院，六十一年，台北。
張起鈞：「王陽明的生平與思想」。新時代，三卷十一期，五十二年，台北。
陳大齊：「王陽明知行合一說的要義」。中央日報，四十三年，十一月二十一日。
陳郁夫：「王陽明的致良知」。師大學報，第二十八期，七十二年，台北。

黃建中：「陽明哲學闡微」。革命思想，四卷一期，四十七年，台北。
楊祖漢：「王陽明的一體觀」。鵝湖月刊，三卷四期，六十六年，台北。
詹秀惠：「孟子與王陽明的良知說」。孔孟學報，第三十四期，六十六年，台北。
蔡仁厚：「王陽明大學問思想析論」。書目季刊，二十卷一期，七十五年，台北。
蔡仁厚：「王陽明經學即心學的基本要旨」。中華文化復興月刊，八卷九期，六十四年，台北。
劉述先：「陽明心學之再闡釋」。中文大學新亞學術年刊，第十四期，六十一年，香港。
魏元珪：「王陽明先生之人格與風格」。哲學與文代，第五十六期，六十七年，台北。